Disturbo Bipolare

Aspetti Generali

Marcus Deminco

Marcus Deminco

Tradotto da Serena Cuoghi
Copyright © 2019 – Marcus Deminco
Tutti i diritti riservati | Salvador – Bahia – Brazil
ISBN: 9781081788964
Independently Published

Indice

Aspetti Storici

I termini "mania" e "malinconia" risalgono a diversi secoli prima di Cristo, e corrispondono ancora approssimativamente ai loro concetti originali. Benché più completi e imprecisi nei loro aspetti principali, assomigliano molto alle descrizioni di ciò che ora viene chiamato Disturbo Bipolare. Tra gli antichi, gli studi dimostrano che fu Areteo di Cappadocia, che visse ad Alessandria nel I secolo d.C., che scrisse i principali testi che sono giunti ai giorni nostri riguardo all'unicità della malattia maniaco-depressiva.

Nel capitolo V del suo libro sull'Eziologia e la Sintomatologia delle malattie croniche, Areteo ha scritto: "Penso che la malinconia sia l'inizio e come tale parte della mania [...] Lo sviluppo della mania è il risultato del peggioramento della malinconia, piuttosto che essere il passaggio a una diversa malattia". Più esplicitamente, scrisse: "Nella maggior parte dei malinconici, la tristezza migliora dopo vari periodi di tempo e diventa gioia, ei pazienti sviluppano quella che viene chiamata mania". (AKISKAL, 1996 citato da DEL-PORTO; -PORTO, 2005).

Nell'antichità Ippocrate descrisse la malinconia (usandola come sinonimo di depressione) e mania, ma non propone l'unione tra i due quadri. Secondo lui, le variazioni derivavano dallo squilibrio dei fluidi corporei, i cosiddetti umori, in modo che potessero avere cambiamenti ciclici, associati a cambiamenti negli stati emotivi. Questa teoria è durata fino a quando alcune descrizioni cicliche del quadro umorale sono emerse nel diciannovesimo secolo, suggerendo che sarebbero state forme distinte della stessa malattia. Inoltre, a metà del diciannovesimo secolo, non molto lontano dal concetto moderno di "follia maniaco-depressiva", lo psichiatra e neurologo francese Jules Baillarger descrisse un nuovo tipo di follia, chiamata "la folie à double forme"(la follia di doppia forma), la cui caratteristica principale era il verificarsi di episodi di mania e depressione nello stesso paziente. (ANGST, 2001 citato da ALCANTARA, 2003).

Nel secolo scorso, lo psichiatra tedesco Emil Kraepelin separò le Demenze Precoci (che verrebbero chiamate schizofrenia) dalle Psicosi Maniaco-Depressive (PMD). Sosteneva che le PMD consistevano in una serie di malattie i cui principali sintomi erano i cambiamenti di umore. Non è stata fatta alcuna distinzione tra persone che manifestavano solo depressione e coloro che avevano solo sintomi di mania.

Tutti sono stati classificati e trattati allo stesso modo, come pazienti PMD. Era come se ci fossero due poli: pazienti con depressione pura e pura mania, e nel mezzo sarebbe la maggior parte di loro, con diverse parti di depressione e mania. Nell'ottava edizione del suo libro "Psychiatrie: Ein

Lehrbuch fur Studierende und Artze" Kraepelin (1910 citato da DEL-PORTO, DEL-PORTO, 2005) classificava stati misti con una grande somiglianza con i limiti attuali nella loro classificazione degli stati misti . (TABELLA 1).

Tipi	Humore	Attività	Pensiero
Mania Ansiosa o Depressiva	-	+	+
Depressione Frenetica	-	+	-
Mania con inhibizione del pensiero	+	+	-
Stupore Maniaco	+	-	-
Depressione con fuga di idee	-	-	+
Mania inibita	+	-	+

Tabella 1. Classificazione degli stati misti.
(KRAEPELIN, 1910 apud Ibidem).

Tuttavia, non è stato fino agli anni '50 che c'era una tendenza a separare quelle persone che mostravano segni di mania e depressione in coloro che avevano solo episodi depressivi; chiamando il primo di bipolare e l'ultimo di unipolare. Gli studi hanno dimostrato che i pazienti con depressione unipolare avevano più familiari con sintomi depressivi, mentre i pazienti bipolari avevano più parenti con gli stessi sintomi. La mania unipolare è stata quindi integrata nel concetto di "Disturbo Bipolare". Successivamente, una suddivisione ha anche guadagnato forza nel distinguere i pazienti all'interno di questo spettro: bipolari tipo I (manie e depressioni) e bipolari tipo II (ipomania e depressioni). Oltre al Disturbo Bipolare Senza Altra Specificazione (SAS): disturbi con aspetti bipolari che non soddisfano i criteri per qualsiasi sottotipo dei DB specifici. (DSM-V citato da LAMBERT, 2006).

Il concetto di "depressione" unipolare, descritto anche come "depressione maggiore", rese popolare e facile da diagnosticare la depressione, che cominciò a essere fatto sempre più spesso da medici di altre specialità, altri professionisti della salute. Oggi, il termine "spettro bipolare" sta guadagnando terreno negli ambienti scientifici e viene sempre più trasmesso dai media. Il nome ricorda i fantasmi o gli incubi, ma definisce anche una delle principali caratteristiche del disturbo: la variazione degli stati. Secondo questo concetto, lo spettro bipolare si riferisce alla gamma di presentazioni cliniche della malattia, che possono variare da un polo all'altro, dalla depressione unipolare pura a episodi di ipomania, depressione con mania, alla pura mania.

Ci sono due denominazioni usate per il disturbo: Disturbo Affettivo Bipolare e Disturbo Bipolare dell'umore, quest'ultimo attualmente considerato il termine più appropriato. Questa differenza di nomenclatura è dovuta ai concetti di affetto e umorismo, che sono tecnicamente diversi. In un modo semplice, il primo si riferisce alle emozioni che sorgono rapidamente quando si cambia una situazione specifica – con la sensazione di gioia quando si ottiene un regalo, la tristezza di sapere che era sbagliato in una prova, l'irritazione nel momento in cui la squadra avversaria fa un gol in una finale di campionato o paura quando un dolore si presenta all'improvviso e si pensa alla possibilità di essere vittima di una grave malattia.

Gli stati d'animo si riferiscono già a stati emotivi più lunghi, che durano per ore, giorni o settimane e possono influenzare il modo di pensare e di agire dell'individuo. Un esempio potrebbe essere l'umore depressivo. Tra le altre manifestazioni, possiamo pensare a questa immagine come segue: senza una ragione apparente, la persona si sveglia per diversi giorni di seguito con sgomento, come se la tristezza fosse lo sfondo della sua vita; le impressioni di se stessa diventano più negative e critiche, o crede che i suoi colleghi o parenti la valutino in modo negativo e spregevole.

Il concetto di "Disturbo Bipolare" si concentra sugli sbalzi d'umore – uno dei suoi poli è l'umore depressivo e un altro – l'euforico. Tuttavia, non è solo l'umore che è alterato nel Disturbo Bipolare. Molte altre funzioni cerebrali ed extra cerebrali subiscono cambiamenti, come quelli relativi ai ritmi biologici, al controllo dei movimenti corporei (con predominanza di agitazione o lentezza del corpo) delle funzioni di memoria e concentrazione mentale, impulsività e piacere, comprese le piccole cose nella vita (prendersi cura della casa, degli hobby) e del desiderio sessuale. Il DB sarebbe anzi compreso, come la malattia delle instabilità, dove quella dell'umore è più evidente.

Definizione e Prevalenza

Il Disturbo Bipolare (DB), noto anche come "Disturbo Affettivo Bipolare" e originariamente chiamato "Follia Maniaco-Depressiva", è una condizione psichiatrica caratterizzata da gravi sbalzi d'umore che coinvolgono periodi di umore elevato e depressione (poli opposti della esperienza affettiva) intervallati da periodi di remissione e associati a specifici sintomi cognitivi, fisici e comportamentali. (CLEMENT, 2015).

Secondo il nuovo rapporto globale dell'Organizzazione mondiale della sanità (OMS, 2016) il numero di persone depresse è aumentato del 18% tra il 2005 e il 2015. In questo contesto, il Disturbo Bipolare (DB) è una condizione psichiatrica relativamente frequente, è una malattia cronica che colpisce tra l'1% e il 2% della popolazione e rappresenta una delle principali cause di disabilità nel mondo. Si stima che circa il 4% della popolazione adulta in tutto il mondo soffra di Disturbo Bipolare. L'Associazione Brasiliana del Disturbo Bipolare (ABTB, 2016) conferma che questa prevalenza si applica anche al Brasile, ciò rappresenta circa 6 milioni di persone nel paese.

Secondo la 10ᵃ revisione della Classificazione Statistica Internazionale delle Malattie e dei Problemi Sanitari Correlati (ICD-10), il Disturbo Affettivo Bipolare (F31) è caratterizzato dalla presenza di due o più episodi in cui i livelli dell'umore e le attività del paziente sono significativamente disturbati. Oscillando tra episodi di innalzamento dell'umore e aumento di energia e attività (ipomania o mania) e periodi di diminuzione dell'umore e diminuzione di energia e attività (depressione). In termini generali, l'ICD-10 ritiene inoltre che il disturbo affettivo bipolare (F31) debba essere classificato in base al tipo di episodio corrente, in episodi ipomaniacali, maniacali o depressivi. Gli episodi maniacali sono suddivisi in base alla presenza o all'assenza di sintomi psicotici, mentre gli episodi depressivi sono classificati come lievi, moderati o gravi. Gli episodi lievi e moderati possono essere classificati in base alla presenza o all'assenza di sintomi somatici. Gli episodi gravi sono suddivisi in base alla presenza o all'assenza di sintomi psicotici.

Tuttavia, per la quinta edizione del Manuale Diagnostico e Statistico dei Disturbi Mentali (DSM-V), il disturbo si differenzia in due tipi principali: Tipo I, in cui l'innalzamento dell'umore è grave e persiste (mania); Tipo II, in cui l'innalzamento dell'umore è più lieve (ipomania). L'uso dello specificatore "con caratteristiche miste" si applica agli stati in cui vi è un'occorrenza concomitante di sintomi maniacali e depressivi, sebbene questi siano visti come poli dell'umore. Il Disturbo Ciclotimico è caratterizzato dall'alternanza tra periodi ipomaniacali e depressivi per almeno due anni negli adulti (o un anno nei bambini) senza, tuttavia, soddisfare i criteri per un episodio di mania, ipomania o depressione maggiore. Il DSM include anche la categoria "altro Disturbo Bipolare e disturbo correlato specificato" per classificare le condizioni atipiche, contrassegnate dal verificarsi di sintomi che non soddisfano i criteri minimi di durata e frequenza per caratterizzare anche un episodio di ipomania.

Secondo le stime dell'Organizzazione mondiale della sanità (OMS) indicano che il DB colpisce circa 30 milioni di persone in tutto il mondo ed è tra le principali cause di disabilità. I dati provenienti da una mostra combinata di undici paesi hanno dimostrato che le tasse di prevalenza nel corso della vita del Disturbo Bipolare Tipo I (DB-I), Disturbo Bipolare Tipo II (DB-II), Disturbo Bipolare Subsindromico (DB-sub) e lo spettro bipolare (SB) era rispettivamente dello 0,6%, 0,4%, 1,4% e 2,4%. Poiché le tasse di prevalenza annuale di DB-I, DB-II, DB-sub e dello SB sono scesi al 0,4%, 0,3%, 0,8% e 1,5% rispettivamente. In Brasile, più precisamente nella città di San Paolo, la tassa trovata di prevalenza di DB (senza differenziare i sottotipi) nel corso della vita è stato dell'1% e la prevalenza annuale è stato dello 0,5%. la tassa di mortalità è elevata, e la causa più frequente di morte tra i giovani con DB è il suicidio. Circa il 25% degli adolescenti con DB ha comportamenti suicidari. Molti pazienti usano anche alcol e/o droghe, ciò che aggrava ulteriormente i sintomi. (Walters 2002 citato da BOSAIPO; Borges; Juruena, 2016).

Nei pazienti bipolari di tipo II, oltre il 95% del tempo di malattia corrisponde alla fase depressiva con alcune caratteristiche del DB. Con questa distinzione unipolare/bipolare, sono stati fatti nuovi studi ed è stato osservato che per ogni paziente bipolare ci sono 20 depressivi unipolari. Ma presto divenne evidente che la maggior parte dei pazienti bipolari inizialmente aveva episodi depressivi, che confondevano la diagnosi. E circa il 20% del totale di unipolare tendeva ad evolvere in condizioni bipolari. La classificazione unipolare/bipolare è diventata ufficiale sia nella decima edizione della Classificazione Statistica Internazionale delle Malattie e dei Problemi Sanitari Correlati (ICD-10) sia nella quinta edizione del Manuale Diagnostico e Statistico dei Disturbi Mentali (DSM-V).

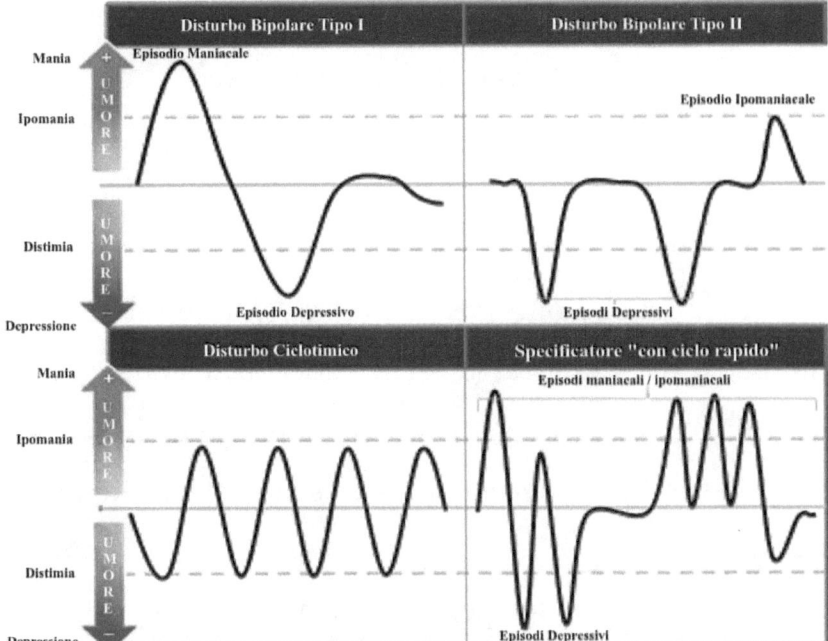

Figura 1. Corso dei sottotipi di DB principali, con lo specificatore "Ciclismo Rapido". La distimia si riferisce all'umore depresso che non soddisfa i criteri di gravità dei sintomi per un episodio depressivo. (STAHL, 2013 citato da BOSAIPO, BORGES, JURUENA, 2016).

Le Fasi del Disturbo

Un aspetto molto ben descritto e sistematizzato del disturbo è la definizione delle crisi dell'umore, fasi o "episodi", quando sorgono molti sintomi, che definiscono un quadro specifico. Recentemente, sono state studiate e descritte caratteristiche che appaiono tra crisi, come un temperamento irritabile, iperattivo, depressivo, impulsivo e le conseguenze quotidiane di essere instabili, come difficoltà relazionali, rimanere in un lavoro o mantenere amicizie durevoli.

Sebbene il DB coinvolga quattro tipi di eventi patologici caratterizzati come depressivi, ipomaniacali, maniacali e misti – può essere considerato fondamentalmente una malattia depressiva, poiché la maggior parte dei pazienti trascorre gran parte della propria vita in questo polo della malattia. Esistono, tuttavia, forme più lievi di manifestazione di questi episodi, in cui le caratteristiche della persona sono miste, sembra formare una struttura di base, un temperamento che si manifesta nell'infanzia o nell'adolescenza e viene confuso con il "modo di essere" dell'individuo .

Episodio Depressivo

Oltre alla connotazione patologica, la parola "depressione", in genere, richiama alla mente le cattive fasi della vita delle persone, in alcuni contesti, il termine è usato in senso ampio, in analogia con i periodi di crisi economica. È anche diventato comune usare la parola come sinonimo di tristezza, disperazione o angoscia.

La depressione è solitamente provocata da una perdita significativa come la morte di una persona cara, la perdita di lavoro, una disillusione dell'amore o anche una vita stressante a causa di problemi di lavoro o familiari. Il fatto è che, da un punto di vista clinico, la depressione influenza il modo di pensare, l'agire e l'essere dell'individuo e dovrebbe essere visto come un problema di salute che colpisce non solo il cervello e lo stato psicologico ma anche praticamente tutto l'organismo .

La tristezza, una caratteristica frequente della depressione, è un'esperienza universale. È un'emozione vissuta in un modo negativo e spiacevole che, per non farla rivivere, l'individuo evita situazioni spiacevoli in futuro. In termini generali, potremmo pensare che se uno studente segna un basso voto a scuola, la tristezza di passare attraverso questa situazione, associata al fallimento, lo porterebbe a rivalutare il suo modo di studiare in modo di non ricevere di nuovo voti negativi. Secondo una tale teoria, la tristezza innesca il movimento introspettivo, le persone si isolano dal mondo esterno "riconoscendosi" per riflettere su come è avvenuta la spiacevole situazione e su come potrebbe essere fatto in modo che non accada di nuovo. In questa maniera, la tristezza aiuterebbe nel processo di maturazione, preparandoci ad affrontare meglio una vita che è per sua natura piena di inevitabili perdite e frustrazioni.

Può sorgere nel quotidiano, come risultato di qualcosa di brutto che è accaduto, o quando i ricordi degli eventi passati lo provocano. In generale, in questi casi, è di piccola intensità e breve durata. Lo stato più insistente, chiamato *umore depressivo*, contamina la percezione di ciò che sta accadendo in quel periodo. Una situazione quotidiana comune come vedere un bambino che chiede l'elemosina in un angolo può essere percepita in modo più angosciante se l'individuo è in uno stato d'animo depresso, mentre in un altro momento questa stessa situazione causerebbe un disagio transitorio, indifferenza o persino rabbia.

L'umore depressivo, solitamente associato a una perdita, è spesso collegato a disagio fisico, come un raffreddore o una fase premestruale. Spesso può venire con sensazioni fisiche come irrequietezza, ansia, pianto, sensazione di stress angosciante o pressione al petto. Ma fino a che punto questa sensazione può essere considerata normale, e quando sta diventando patologica, cioè un sintomo di depressione?

Sebbene non sia un criterio molto preciso, è possibile tener conto della sua durata. La tristezza diventa preoccupante, ad esempio, se predomina per gran parte della giornata del paziente o se si verifica nella maggior parte dei giorni. La sua intensità è un criterio molto poco preciso, poiché ognuno ha la sua "misura" per valutarla, e ciò che è intenso per uno sarebbe quasi impercettibile per un altro. Inoltre, può variare in base all'ora del giorno e può quindi distorcere la percezione dell'intensità.

Una persona che riceve brutte notizie può provare una profonda angoscia che dura pochi minuti e ricordare di aver avuto una giornata molto triste. Un altro ancora, che prova una moderata tristezza ogni giorno, quasi sempre, può considerare questo giorno normale, lo stesso del giorno precedente o della scorsa settimana, quando anche era triste. Tuttavia, quando accade che la persona pianga, spesso per ragioni che sembrano non giustificate, o quando sente angoscia, in un'intensità difficile da tollerare, qualcosa che influisce chiaramente sulla sua vita quotidiana, questa tristezza può essere considerata eccessiva. In generale, le persone hanno più difficoltà a differenziare la cosiddetta tristezza normale dalla sua manifestazione patologica (tipica della depressione) quando sorge dopo un evento giustificabile, come la perdita di una persona amata, che potrebbe giustificare pienamente una tristezza più intensa e duratura .

Sebbene questo tipo di situazione nella maggior parte delle persone, dopo alcune settimane o mesi (a seconda dei casi), la tendenza è per l'individuo a riprendere le sue attività, nonostante il dolore di perdita e tristezza. Quando questa tristezza continua, e specialmente se la tristezza interferisce con la vita dell'individuo, è probabilmente un sintomo patologico. Spesso, la persona che soffre di tristezza patologica ha difficoltà ad ammettere di essere malato e giustifica la sua condizione con argomenti come la disoccupazione, la solitudine, le difficoltà finanziarie o l'incomprensione di persone importanti nella sua vita. Ciò che questa persona raramente realizza è che altri si trovano in circostanze simili e possono reagire in altri modi e che molte di queste situazioni possono essere conseguenza e non causa di malinconia.

I pazienti spesso alludono alla sensazione che tutto sembra futile o non importante. Credono di aver perso, in modo irreversibile, la capacità di provare gioia o piacere nella vita. Tutto sembra a loro vuoto e insipido, il mondo è visto "senza colore", senza sfumature di gioia. Nei bambini e negli adolescenti, soprattutto, l'umorismo può essere irritabile, o "scontroso", piuttosto che triste. Alcuni pazienti sembrano essere "apatici" piuttosto che tristi, spesso riferendosi a "sentimenti di mancanza di sentimento". Trovano, per esempio, che non sono più toccati dall'arrivo dei nipoti, o dalla sofferenza di una persona cara, e così via. La persona depressa è spesso considerata un peso per la famiglia e gli amici, spesso invocando la morte per alleviare coloro che la guardano. Le idee suicide sono frequenti e spaventose. Le motivazioni del suicidio includono distorsioni cognitive (percepire eventuali difficoltà come ostacoli definiti e insormontabili, tendenza a sovrastimare le perdite subite) e l'intenso desiderio di porre fine a uno stato emotivo estremamente doloroso e infinito. Altri ancora cercano la morte come mezzo per espiare la loro presunta colpevolezza. I pensieri sul suicidio spaziano dal remoto desiderio di essere semplicemente morti, a minuti piani per uccidersi (stabilendo la modalità, il tempo e il luogo dell'atto). I pensieri sulla morte dovrebbero essere sistematicamente investigati, in quanto tale condotta può prevenire atti suicidi, dando al paziente l'opportunità di esprimersi a riguardo. (WIDLÖCHER, 1983 citato da DEL PORTO, 1999).

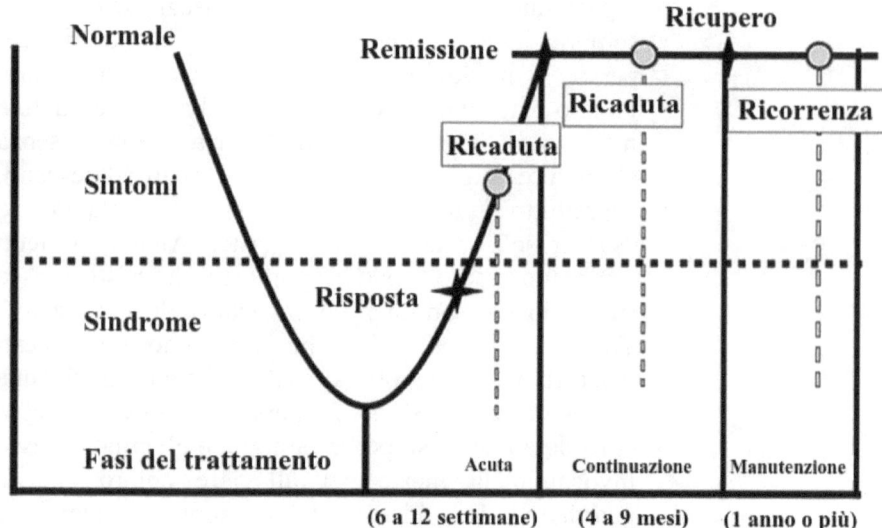

Figura 2. Fasi del trattamento durante l'episodio depressivo. (KUPFER, 1991 citato da FLECK, 2009).

Episodio Maniacale

Il DSM definisce Mania come la presenza per almeno una settimana di umore irritabile, espansivo o elevato associato a tre o più dei seguenti sintomi, con gravità sufficiente a causare menomazione funzionale (problemi di lavoro, relazioni, necessità di ospedalizzazione, sintomi psicotici): aumento dell'autostima/grandiosità, diminuzione del bisogno di sonno, maggiore capacità di parlare/pressione per parlare, pensiero veloce/fuga di idee, distrazione, agitazione psicomotoria/aumento dell'attività, coinvolgimento eccessivo con attività piacevoli che possono avere conseguenze disastrose. L'Ipomania, a sua volta, è definita dalla presenza di umore persistentemente irritabile, espansivo o elevato per almeno quattro giorni, associati, o almeno tre di quegli stessi sintomi descritti per la mania, ma con meno gravità, senza compromissione funzionale significativa .

Il termine "mania" è spesso inteso dai laici come comportamento insolito e ripetitivo. Già "maniacale" descrive che l'individuo che ha comportamenti estremamente deviati dalla norma accettata, di solito associato alle perversioni. Per gli operatori sanitari, tuttavia, il termine "mania" rappresenta il polo euforico del disturbo dell'umore. La cosa curiosa è che, sebbene l'eccessiva euforia sia molto caratteristica ed evidente in queste immagini, non è sempre presente in un episodio maniacale.

I sintomi più comuni sono l'irritabilità (che può portare ad un'aggressione occasionale) e l'iperattività. Altri sintomi di mania includono diminuzione della sonnolenza, improvvisa alta autostima, eccessivo linguaggio, difficoltà a concentrare l'attenzione e coinvolgimento in attività piacevoli ma pericolose come spese eccessive e acquisti, atti impulsivi, uso di droghe, indiscrezioni e aumento della attività sessuale.

Il paziente in mania non nota l'alterazione stessa, ha l'impressione di stare estremamente bene, come se vivesse la fase migliore della sua vita. Per lui, sono gli altri che hanno problemi. In alcuni casi, la persona in questo stato, con aggressività e impulsività esasperate, deve essere protetta da se stesso, poiché in questa fase del disturbo può commettere atti che rimpiangerà in futuro, in determinate situazioni. È normale che, dopo la fine di una crisi di mania, il paziente si vergogni dei suoi atteggiamenti.

L'euforia può essere definita come gioia eccessiva ed esagerata, che rimane indipendente da eventi esterni. La persona in questo stato mostra ottimismo esagerato e si relaziona con la gente molto facilmente, specialmente quando si tratta di estranei. Nelle forme più serie, crede persino di poter essere famoso. È normale che si verifichino improvvisi sbalzi d'umore: quando ricorda, ad esempio, la morte di sua madre, scoppia a piangere e dopo pochi minuti continua a ridere.

La persona cerca di fare molte cose allo stesso tempo, ha difficoltà a stare ferma, non può concentrarsi su una singola attività ed è facilmente distratta. Alcuni esibiscono persino illusioni uditive o visive e manifestano comportamenti paranoidi. Questi sintomi possono essere confusi con la schizofrenia, specialmente se si manifestano all'inizio della malattia. È anche probabile che si verifichino ansia di panico (con disagio fisico pronunciato: sudorazione, tachicardia, mancanza di respiro, vertigini, ecc.) O sintomi ossessivi. Non tutte queste manifestazioni appaiono in una crisi di mania, ma possono rendere difficile la diagnosi.

Tecnicamente, l'ipomania è una fase di mania più leggera, con gli stessi sintomi, ma meno intensa ed evidente. In pratica, può essere considerata "invisibile", poiché di solito passa inosservata e può essere interpretata come una fase di maggiore produttività nel lavoro, nella creatività e nella socializzazione. Ma c'è un fatto rilevante: l'ipomania è un indicatore che la persona soffre di Disturbo Bipolare. In generale, la mania inizia bruscamente e dura da pochi giorni a qualche settimana.

Gli episodi maniacali sono spesso più brevi degli episodi depressivi. Sfortunatamente, gli episodi maniacali sono spesso seguiti da episodi depressivi che mettono il paziente su una "montagna russa" emotiva. Sebbene alcuni pazienti riferiscano che l'euforia che provano quando sono maniacali può essere gratificante e piacevole, questi episodi di solito avvengono a grandi costi personali. Colpiscono i matrimoni, gli affari, le finanze e la salute dei pazienti e portano all'esaurimento, all'uso occasionale di sostanze e altri comportamenti a rischio che mettono il paziente in pericolo. All'estremo, l'individuo maniaco ha un rischio più elevato di morire per complicazioni cardiache e una maggiore tendenza a suicidarsi nella transizione dalla mania alla depressione quando capiscono quanto il loro comportamento sia inappropriato (Andreas e Black, 2009).

Alcol Alfa-interferoni Anfetamine Antagonico istaminico H$_2$ Anticonvulsivanti Antidepressivi Antiparkinsoniani Baclofene Barbiturici Benzodiazepine Bloccanti beta adrenergici Bromocriptina	Buspirone Captopril Ciclobenzaprina Ciclosporina Cloroquina Cocaina Corticosteroidi Dapsona Dietiltoluamide Steroidi anabolizzanti Ormoni tiroidei	L-glutamina Loxapina Metoclopramide Narcotici Ofloxacina Procarbazina Propafenona Pseudo-efedrina Quinacrine Sulfonamide Teofiline Zidovudina

Tabella 2. Principali sostanze associate a Ipomania e Mania (DUBOVSKY e DUBOVSKY, 2004 citato da MORENO; MORENO, 2005).

	Stadio I	Stadio II	Stadio III
Humore	Labile, euforico, irritabile se è infastidito.	Disforia e depressione, ostile e arrabbiato.	Chiaramente disforico, in panico, disperato.
Pensiero e cognizione	Pensiero espansivo, grandioso, iperconfidico, accelerato, coerente o tangenziale, preoccupazioni religiose e sessuali.	Fuga d'idee, Disorganizzazione, idee deliranti.	Associazioni incoerenti, sciolte, bizzarre, idiosincratiche, allucinazioni, disorientamento, idee di riferimento, idee deliranti.
Comportamento	Accelerazione psicomotoria, maggiore iniziativa di parola, spese, fumare e telefonate eccessive.	Iperattività, più alta pressione del linguaggio, aggressività fisica.	Attività frenetica e bizzarra.
Sinonimia	Ipomania.	Mania vera	Mania delirante (psicosi indifferenziata).

Tabella 3. Fasi della mania. (CARLSON e GOODWIN, 1973 citato da Ibidem).

Episodio Misto

I sintomi del Disturbo Bipolare non sempre compaiono in blocco, come tipici della depressione o mania/ipomania. I comportamenti maniacali possono apparire nel mezzo di un episodio depressivo - viceversa. Quando c'è una tale "miscela", il riconoscimento e trattamento sono confusi, con stati d'animo depressivi in cui colpisce l'agitazione, che possono peggiorare con l'uso di antidepressivi e manie depresse che vengono scambiate per depressione. Questa è una forma potenzialmente grave del disturbo, perché quando c'è una miscela di agitazione e pensieri di morte moderati con grande impulsività, il rischio di suicidio è enorme. Durante un episodio o stato misto, i sintomi spesso includono irrequietezza, sonno disturbato, importanti cambiamenti nell'appetito e pensieri suicidi. Le persone in uno stato misto possono sentirsi molto tristi o disperate e allo stesso tempo estremamente eccitate.

Un Episodio Misto è caratterizzato da un periodo di tempo (almeno 1 settimana), durante il quale vengono soddisfatti i criteri sia per un Episodio Maniacale quanto per un Episodio Depressivo Maggiore, quasi ogni giorno. L'individuo sperimenta una rapida alternanza di umore (tristezza, irritabilità, euforia), accompagnata da sintomi di un episodio maniacale e un Episodio Depressivo Maggiore. La presentazione sintomatica spesso comporta irrequietezza, insonnia, appetito irregolare, caratteristiche psicotiche, e pensieri suicidi. L'anomalia deve essere sufficientemente grave da causare compromissione marcata nel funzionamento sociale o lavorativo o da richiedere l'ospedalizzazione, o è caratterizzato dalla presenza di manifestazioni psicotiche. Il disturbo non è dovuto agli effetti fisiologici diretti di una sostanza (p. es., una droga di abuso, un farmaco o altro trattamento) o di una condizione medica generale (p. es., ipertiroidismo). Sintomi analoghi a quelli osservati in un Episodio Misto possono essere dovuti agli effetti diretti di farmaci antidepressivi, la terapia elettroconvulsivante, la terapia della luce o farmaci prescritti per altre condizioni mediche generali (p. es., corticosteroidi)

Se una persona con un disturbo depressivo maggiore ricorrente, per esempio, sviluppa un sintomo misto durante un trattamento farmacologico antidepressivo, la diagnosi dell'episodio è un Disturbo dell'Umore Indotto da Sostanze Con Caratteristiche Miste non modificando la diagnosi di Disturbo Depressivo Maggiore per il Disturbo Bipolare I. Alcune evidenze suggeriscono la possibile esistenza di una "diatesi" bipolare in individui che sviluppano episodi di tipo misto dopo il trattamento somatico per la depressione. Questi individui potrebbero avere più probabilità di avere Episodi Maniacali, Misti o Ipomaniacali non collegati a i trattamenti somatici per la depressione. Questa considerazione può essere particolarmente importante nel caso di bambini e adolescenti.

> Gli episodi misti possono evolvere da un episodio maniacale o da un episodio depressivo maggiore o possono emergere come qualcosa di nuovo. Ad esempio, la diagnosi può essere modificata da Disturbo Bipolare I, Episodio Maniacale Più Recente, a Disturbo Bipolare I, Episodio Misto Più Recente, nel caso di un individuo con 3 settimane di sintomi maniacali seguiti da una settimana di sintomi maniacali e depressivi. Gli Episodi Misti possono durare da settimane a mesi, presentare la remissione ad un periodo con pochi o nessun sintomo o progredire in un Episodio Depressivo Maggiore. Più raramente, un episodio misto si evolve in un Episodio Maniacale. (BALDAÇARA, 2015).

Pertanto, la combinazione di cambiamenti in questi domini ha costituito il quadro clinico della malattia. Negli stati puri di mania o depressione, i tre domini sono alterati nella stessa direzione. Nella tipica mania, ad esempio, ci sarebbero esaltazione dell'umore, fuga di idee e aumento dell'attività motoria; nella depressione tipica ci sarebbe umore triste, inibizione del pensiero e lentezza psicomotoria. Diversamente, in stati misti questi domini sono stati modificati in direzioni diverse, cioè, ci sarebbe stata una miscela di elementi di mania e malinconia nei campi dell'umore, del corso del pensiero e della psicomotricità. Tra gli stati misti, si distinguevano sei tipi: mania depressiva (o ansiosa o furiosa), mania improduttiva (o pensiero alterato), mania inibita (con inibizione motoria), stupore maniaco, depressione con fuga di cervelli e depressione agitata. (DOYLE, 1998 citato da CLEMENTE, 2015).

Ci sono, tuttavia, controversie sulla relazione tra stati misti e disturbi bipolari a Ciclismo rapido. Si dubita che tali fenomeni corrispondano allo stesso processo, caratterizzato dalla rapida alternanza dell'umore, cioè lo stato misto, di fatto corrisponde a una struttura ciclica estremamente rapida; tuttavia, l'ipotesi più accettata è che costituiscano fenomeni distinti. Quindi, viene considerata l'esistenza di stati misti instabili, la rapida alternanza di stati affettivi opposti, e quindi associati alla velocità ciclica, che sarebbe diversa da stati misti stabili, in cui i sintomi di mania e depressione sono simultaneamente presenti. (SCHWARTZMANN, 2004, citato da CLEMENTE, 2015).

Temperamento depressivo + maniapsicotica	Temperamento ciclotimico + depressione maggiore	Temperamento ipertimico + depressione maggiore
Pianto Idee suicida Irritabilità e rabbia Euforia Accelerazione del pensiero Grandiosità Ipersessualità Agitazione psicomotoria Insonnia gravemente Deliri persecutori Allucinazioni uditive Confusione Abuso d'alcol	Umore depressivo Iperfagia Ipersonnia Fatica Bassa autostima Accelerazione del pensiero Giocosità Attacchi di rabbia Tensione Irrequietezza Ipersessualità impulsiva Altri comportamenti disinibiti: gioco, tentativi drammatici di suicidio Abuso di stimolanti (compreso il caffè) e sedativo-ipnotici (compreso l'alcol)	Disforia implacabile Odio Agitazione su una mira Fatica estrema Panico e insonnia intrattabili Ossessioni e impulsi suicida Eccitazione sessuale temporanea Accelerazione del pensiero Aspetto istrionico (ma espressioni di pura sofferenza) Abuso di stimolante e alcol

Tabella 4. Quadro clinico degli stati misti in funzione del temperamento. (MARNEROS, 2001 citato da MORENO, 2005).

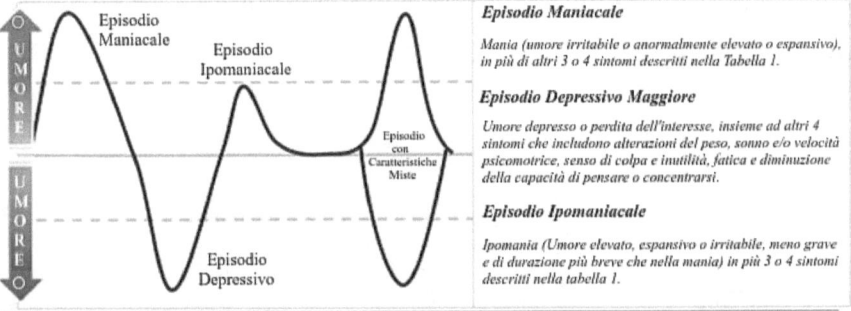

Figura 3. Episodi di umore nel DB. Il decorso della malattia di un paziente può essere registrato su un grafico dell'umore. Quindi un esempio di come l'umore può variare è dall'ipomania alla mania in cima alla figura, alla eutimia (o umore normale) nel mezzo e alla depressione all'estremità inferiore della figura. (STAHL, 2013 citato da BOSAIPO, BORGES, JURUENA, 2016).

Comprendendo le Basi Neurologiche del DAB

Esistono molteplici fattori eziologici nei disturbi dell'umore, derivanti dalla combinazione di fattori ambientali (dieta, alcol, ritmi biologici) individuali collegati alla personalità, e i rapporti personali che innescano la malattia in individui biologicamente vulnerabili. Si ritiene che sia la depressione che la mania sarebbero il risultato di vari processi psicologici, ambientali, genetici e biologici. (AKISKAL, 2000 citato da NETO e ELKIS, 2009).

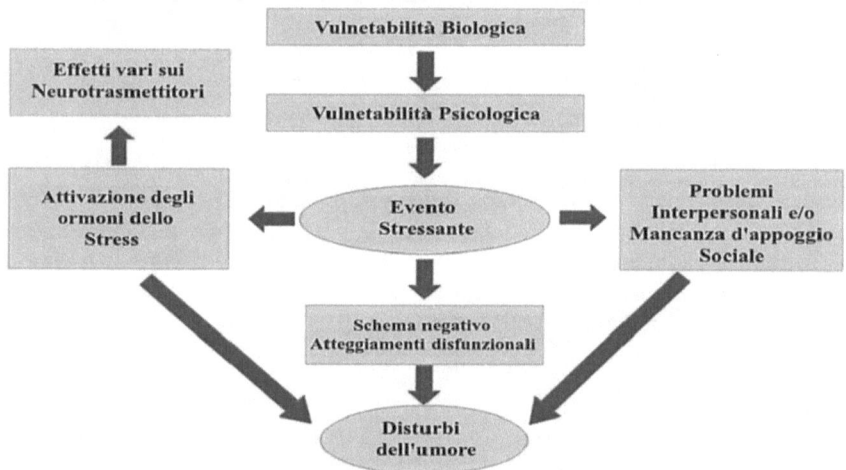

Figura 4. Modello integrato di disturbi dell'umore (BARLOW, 2008).

Cambiamenti nell'evidenza funzionale, modelli di integrazione neurochimica e comportamentale che sono stati osservati nei processi di piacere, ricompensa e disturbo dei ritmi circadiani in pazienti affetti da Disturbi Affettivi. Il Sistema Limbico rappresenta la regione di convergenza di questi fattori, producendo squilibrio di ammine biogeniche, in particolare Noradrenalina, Serotonina e, in sottofondo, Dopamina e sistemi di messaggeri secondari (ad es. Adenyl Cyclase) e Peptidi Neuroattivi . Inoltre, si verificano disregolazione del dendrito endocrino, ipotalamico-surrenale, della tiroide e dell'ormone della crescita, anormalità del sonno, disturbi del ritmo circadiano, anomalie del sistema immunitario e cambiamenti morfofisiologici cerebrali.

> Nella genesi dei disturbi dell'umore, i fattori genetici sono fondamentali, specialmente nel Disturbo Bipolare. Circa il 50% del Disturbo Bipolare Tipo I ha almeno un genitore con Disturbo Affettivo, in particolare la depressione; se uno dei genitori porta DB I, la probabilità che uno dei bambini abbia un disturbo dell'umore è del 25%, che sale dal 50% al 75% se entrambi i genitori ne sono affetti. I fattori psicosociali in generale rappresentano fattori scatenanti di disturbi dell'umore, ad esempio perdita di posti di lavoro, persone care, separazioni. Non ci sono tratti di personalità che predispongono al disturbo dell'umore, la depressione può verificarsi in qualsiasi tipo di personalità. (NETO e ELKIS, 2009).

Una revisione della letteratura di Baumann e Bogerts (2001 citato da LAMBERT, 2006) suggerisce che il cervello dei pazienti affetti da Disturbo Bipolare differisce significativamente da quelli che non soffrono di disturbi dell'umore. Nello specifico, i gangli basali sono un po 'più piccoli nei pazienti bipolari e depressivi. Le riduzioni più drastiche si riscontrano nel Nucleo Accumbens, la struttura fondamentale per tradurre gli stimoli ambientali alla motivazione a rispondere. I deficit strutturali si trovano anche nel nucleo dorsale di Rafe, il sito della produzione di serotonina.

In un'altra recensione letteraria, attraverso studi di neuroimaging, sono state riscontrate anomalie nello striato, nell'amigdala e nella corteccia prefrontale. Questa recensione supporta la nozione di coinvolgimento dei circuiti subcorticali frontali nel Disturbo Bipolare. Inoltre, è stata rilevata una riduzione della dimensione cerebellare. Il risultato più comune negli studi con risonanza magnetica è la presenza di iperintensità della sostanza bianca a velocità superiori al previsto. Le iperintensità della sostanza bianca sono piccole aree caratterizzate da un segnale di maggiore intensità riguardo al tessuto circostante. Queste iperintensità si riscontrano più comunemente negli anziani e in individui che hanno sofferto di eventi cardiovascolari. Inoltre, processi come demielinizzazione, astrogliosi (formazione di nuovi astrociti o crescita di astrociti esistenti) o perdita assonale possono portare alla formazione di iperintensità della sostanza bianca. (YURGELUN-TODD et al., 2000 citato da. Loc. Cit.).

Sebbene queste anomalie siano osservate in pazienti bipolari con tassi più alti del previsto, la scoperta che la maggior parte dei soggetti bipolari non mostra iperintensità suggerisce che essi possono giocare un ruolo causale minimo nella malattia. Pertanto, è più probabile che si formino a causa delle caratteristiche di stile di vita dei pazienti con manie (alti tassi di abuso di sostanze e rischio cardiovascolare) riguardo alla suscettibilità del soggetto al Disturbo Bipolare. C'era meno attività metabolica complessiva del glucosio nel cervello di pazienti con depressione bipolare riguardo a quelli con mania bipolare. Sebbene uno studio abbia identificato un aumento del flusso ematico cerebrale durante episodi di mania, la maggior parte degli studi non ha osservato differenze nel flusso sanguigno nella mania o nella depressione bipolare, riguardo ai soggetti sani di controllo (STRAKOWSKI et al., 2000 citato da Ibidem).

Gli studi sui geni di suscettibilità (geni che aumentano la suscettibilità alle malattie) hanno già implicato i cromosomi: 4, 12, 18 e 21, tra gli altri. Attualmente uno dei collegamenti più potenti trovati è nella regione 12q23-q24.40. I risultati dello screening del genoma suggeriscono l'esistenza di numerosi loci di suscettibilità sui cromosomi: 1, 6, 7, 10, 16 e 22.

Un altro studio recente suggerisce loci nelle regioni: 13q32 e 1q32.32. (GINNS, 1998 citato da ALDA, 1999).

Viene studiato un polimorfismo nella regione del promotore con due varianti alleliche, una lunga e una breve inserzione/eliminazione di 44 coppie di basi. Possibile ruolo funzionale di questo polimorfismo in cui il breve allele ricatturerebbe meno serotonina riguardo al lungo allele. (DU E COLL, 1999 citato da VIEIRA, 2006).

Studi nel liquido cerebrospinale e nei livelli urinari dei pazienti con DB riguardo ai gruppi di controllo normali hanno rilevato uno squilibrio nella regolazione delle Amine Biogeniche (distribuite nel Sistema Limbico), a dimostrazione dei cambiamenti nei sistemi:

1. Noradrenergico
2. Serotoninergico
3. Dopaminergico
4. colinergici

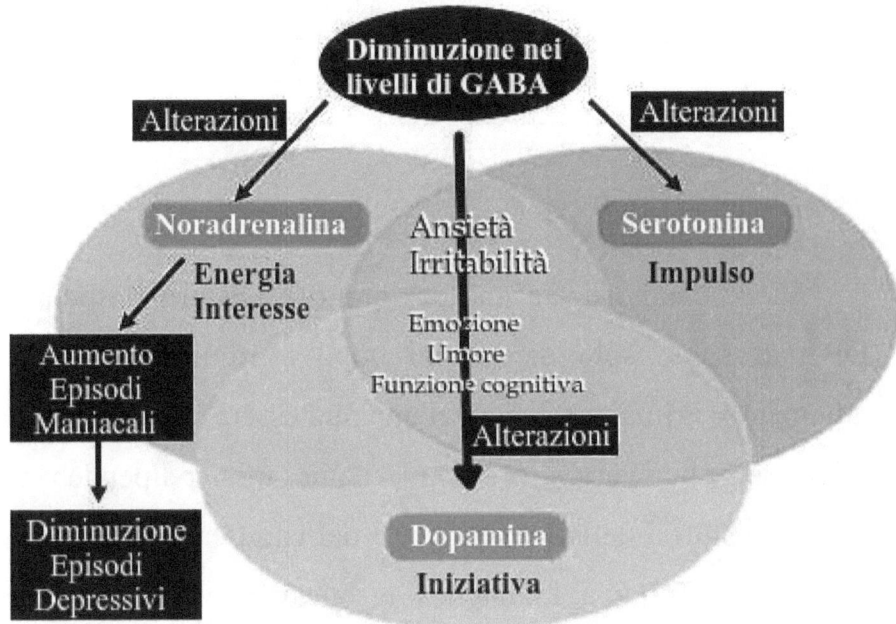

Figura 5. Gaba modula le attività di serotonina, dopamina e noradrenalina. (YONG et al., 1994 citato da VIEIRA, 2006).

Diagnosi

Viene diagnosticata una persona con Disturbo Bipolare (DB), di solito solo dieci anni dopo i primi tentativi di trattamento. Prima di ciò, il paziente può essere informato che soffre dei più svariati problemi, come tossicodipendenza, obesità, disturbo della personalità e del carattere, disturbo di panico, ecc., Tuttavia, la diagnosi erroneamente diagnosticata più comunemente è la depressione unipolare . Sfortunatamente, anche oggi, pochi professionisti della salute mentale conoscono bene l'immagine e possono fornire una guida adeguata per ridurre il disagio del paziente, dei suoi parenti e amici.

La diagnosi di DB è infida: i segni e i sintomi possono avere numerose manifestazioni nello stesso paziente; così come varia molto da una persona all'altra. In generale, le persone con Disturbo Bipolare hanno difficoltà a dedicarsi a una carriera professionale, mantenendo la produttività e l'equilibrio nelle loro vite emotive e coltivando relazioni durature. Le persone colpite dal disturbo non hanno sempre il controllo di ciò che parlano durante i periodi di malattia. Il trattamento farmacologico è fondamentale e complesso perché richiede due strategie: la profilassi (prevenzione delle convulsioni) e il controllo dei sintomi acuti; l'accompagnamento psicologico è fondamentale per una buona evoluzione a lungo termine.

La buona notizia è che l'approccio corretto può garantire una vita praticamente normale, soprattutto se la malattia viene diagnosticata precocemente. Ma prima e più profondamente il paziente e la sua famiglia comprendono il DB, maggiori sono le possibilità che possano controllare la malattia e rendere le sue conseguenze meno dannose. E in questo caso, l'informazione può essere considerata una parte fondamentale delle persone coinvolte nella situazione che viene informata che il DB è una malattia cronica, con cause biologiche (genetiche e altre) associate a fattori ambientali.

È comprensibile, quindi, che lo stato della malattia mentale del Disturbo Bipolare sia spesso messo in discussione. Dopo tutto, il paziente ha reazioni esacerbate comuni che una persona sana potrebbe avere. Ad esempio, chiunque è in grado di reagire con rabbia di fronte alla frustrazione o all'ingiustizia. Tuttavia, il paziente bipolare può diventare depresso o eccessivamente aggressivo. Molte persone hanno anche speso un po più di denaro di quanto intendessero o erano incazzate per aver ricevuto cattive notizie. Tuttavia, la persona con DB spende enormi quantità senza alcuna pianificazione, fino al punto di essere coinvolta nel debito per comprare prodotti che non ha bisogno o, quando riceve notizie spiacevoli, rimane a letto.

Ma come possono le reazioni esacerbate distinguere una persona con Disturbo Bipolare da altre? Non era solo una reazione peculiare di ogni individuo, puramente psicologico, senza il risultato di qualche infortunio o fallimento nel funzionamento del cervello? Attualmente, l'Organizzazione Mondiale della Sanità (OMS, 2009) riconosce il Disturbo Bipolare come una malattia. Per essere conosciuti in questo modo, l'immagine deve avere cause organiche consolidate; la sua evoluzione nel tempo e le implicazioni fisiche dovrebbero essere conosciute, così come le possibilità di trattare i sintomi. La più grande difficoltà, tuttavia, è definire i loro limiti, che dipendono dalle valutazioni cliniche basate su sintomi e segni, poiché possono dare la diagnosi definitiva del Disturbo Bipolare.

La principale caratteristica del DB è l'instabilità di varie funzioni cerebrali, che possono essere notate nell'alterazione dell'umore, che vanno dalla profonda tristezza all'eccessiva gioia, mostrando nell'ansia e nell'irritabilità che in breve tempo possono trasformarsi in apatia. Queste variazioni sembrano essere associate all'instabilità del funzionamento del cervello, sia nella memorizzazione delle informazioni (memoria) che nel controllo dell'attenzione (eccessiva distrazione).

C'è una variazione dal pessimismo a un incontrollabile ottimismo e la velocità del pensiero può aumentare o diminuire. Anche i cambiamenti nel sonno e nell'appetito, sia per eccesso che per mancanza, sono comuni. In queste situazioni, i sistemi ormonali spesso diventano disorganizzati, riflettendo un ritmo biologico caotico o ciclico, e spesso il paziente scambia il giorno per la notte. C'è anche una diminuzione o aumento eccessivo di energia.

Lo stesso vale per la capacità di provare piacere. La cosa più curiosa è che il cambiamento umoristico può verificarsi in poche ore, o in pochi giorni – e talvolta può durare per settimane, mesi o persino anni. Pertanto, ci sono pazienti che sono bipolari e rimangono per lunghi periodi nello stesso stato, che di solito è depressivo. In questi casi, quando si esamina un momento della vita di questo paziente, l'impressione è che non ci sia instabilità, sebbene possa essersi verificata in passato o semplicemente rappresentata da un singolo cambiamento, dalla condizione considerata normale per il depressivo .

Una nuova domanda sorge spontanea: se l'instabilità è la caratteristica centrale del Disturbo Bipolare, le persone sane dovrebbero allora essere instabili, senza grandi espressioni di tristezza o gioia? Questa domanda porta a una riflessione interessante. Il corpo umano ha sistemi di controllo che impediscono alle varie funzioni di essere eccessivamente al di fuori dei cosiddetti parametri minimi per, ad esempio, il tempo di sonno o i livelli di attività fisica e mentale. La variabilità è fondamentale per l'essere umano per adattarsi alle situazioni ambientali che cambiano frequentemente e richiedono sistemazioni come la possibilità di dormire più tardi per partecipare a un evento sociale o finire di scrivere un articolo. Nell'organismo del paziente di DB questi sistemi di controllo funzionano in modo inadeguato, il che consente "fughe" e porta a perdite di controllo, interrompendo in definitiva altre funzioni corporee.

Le persone considerate sane tendono ad avere piccole variazioni nelle funzioni corporee, che si adattano alle esigenze dell'ambiente, mentre i pazienti bipolari presentano importanti cambiamenti che diventano incompatibili con eventi esterni. È quindi accettabile (e persino un segno di salute mentale) sentire, riconoscere ed esprimere gioia e tristezza, a vari livelli, purché tali sentimenti, innescati da fattori esterni o soggettivi, si applichino al contesto – e abbiano un'intensità compatibile con situazione nel caso di pazienti con DB – più le funzioni che regolano gli stati d'animo sono disorganizzate, più la presentazione clinica è grave e complessa.

Secondo il Manuale Diagnostico e Statistico dei Disturbi Mentali (DSM) per diagnosticare il Disturbo Bipolare Tipo I, è necessario soddisfare i seguenti criteri per un episodio maniacale. L'episodio maniacale può essere stato preceduto o seguito da importanti episodi ipomaniacali o depressivi maggiori.

Criteri Diagnostici per l'Episodio Maniacale

A. Un periodo distinto di umore anormale e persistentemente alto, espansivo o irritabile e un aumento anormale e persistente dell'attività mirata o energetica, della durata di almeno una settimana e presente per quasi tutto il giorno, quasi ogni giorno (o qualsiasi durata se è richiesta l'ospedalizzazione).

B. Durante il periodo di disturbi dell'umore e aumento di energia o attività, tre (o più) dei seguenti sintomi (quattro se l'umore è solo irritabile) sono presenti in misura significativa e rappresentano un cambiamento evidente nel comportamento abituale:

1. Autostima gonfiata o grandiosità.

2. Riduzione della necessità di dormire (ad esempio, sentirsi riposati con solo tre ore di sonno).

3. Più conversatore del solito o pressione per continuare a parlare.

4. Perdita di idee o esperienza soggettiva che i pensieri siano accelerati.

5. Disturbabilità (ad esempio, l'attenzione è troppo facilmente deviata da stimoli esterni insignificanti o irrilevanti), come riportato o osservato.

6. Aumento dell'attività rivolta agli obiettivi (sia sociali, lavorativi o scolastici che sessuali) o all'agitazione psicomotoria (attività senza scopo non mirata agli obiettivi).

7. Eccessivo coinvolgimento in attività con alto potenziale di conseguenze dolorose (ad esempio, coinvolgimento in folli acquisti sfrenati, indiscrezioni sessuali o investimenti finanziari insensati).

C. I disturbi dell'umore sono abbastanza gravi da causare gravi menomazioni nelle funzioni sociali, lavorative o da avere bisogno di ospedalizzazione alla fine di prevenire danni a se stessi o agli altri, o ci sono caratteristiche psicotiche.

D. L'episodio non è attribuibile agli effetti fisiologici di una sostanza (ad esempio, droga di abuso, medicine, altro trattamento) o altre condizioni mediche.

Nota 1. Un episodio maniacale completo che si manifesta durante il trattamento con antidepressivi (ad es. Farmaci, terapia elettroconvulsiva) ma che persiste a livello di segni e sintomi, oltre l'effetto fisiologico di questo trattamento, è una prova sufficiente per un episodio maniacale e quindi per una diagnosi del Disturbo Bipolare Tipo I.
Nota 2: i criteri A-D rappresentano un episodio maniacale. Per la diagnosi del Disturbo Bipolare Tipo I è richiesto almeno un episodio maniacale nella vita.

Fonte: Manuale Diagnostico e Statistico dei Ddisturbi Mentali. (APA, 2018).

• **Funzioni associate che supportano la diagnosi**

Durante un episodio maniacale, le persone spesso non si rendono conto di essere malate o che hanno bisogno di cure, resistendo a tentativi di trattamento con veemenza. Possono cambiare il modo in cui si vestono, il trucco o l'aspetto personale in uno stile stravagante e/o con un maggiore appeal sessuale. Alcuni percepiscono una maggiore acutezza olfattiva, uditiva o visiva. Il gioco d'azzardo e il comportamento antisociale possono accompagnare l'episodio maniacale. Ci sono persone che possono diventare ostili e minacciare fisicamente gli altri e, quando sono deliranti, possono aggredire fisicamente o commettere suicidio. Le conseguenze catastrofiche di un episodio maniacale (ad es. ospedalizzazione involontaria, difficoltà con la giustizia, gravi difficoltà finanziarie) di solito derivano da compromissione del giudizio critico, perdita di perspicacia e iperattività. L'umore può cambiare rapidamente in rabbia o depressione. I sintomi depressivi possono manifestarsi durante un episodio maniacale e, quando presenti, durano per momenti, ore o, più raramente, giorni.

• Funzioni diagnostiche

La caratteristica essenziale di un episodio maniacale è un distinto periodo di umore anormale e persistentemente alto, espansivo o irritabile e un persistente aumento delle attività, che dura almeno una settimana e presenta la maggior parte della giornata, quasi ogni giorno (o qualsiasi durata , se l'ospedalizzazione diventa necessaria), accompagnata da almeno tre ulteriori sintomi del criterio B. Se l'umore è irritabile piuttosto che elevato o espansivo, dovrebbero essere presenti almeno quattro sintomi del criterio B.

L'umore in un episodio maniacale è spesso descritto come euforico, eccessivamente allegro, elevato, o di "sentirsi in cima al mondo". In alcuni casi, l'umore è così anormalmente contagioso da essere facilmente riconosciuto come eccessivo e può essere caratterizzato da un entusiasmo illimitato e indiscriminato per le interazioni interpersonali, sessuali o professionali. Ad esempio, si possono avviare spontaneamente lunghe conversazioni con estranei in pubblico. A volte l'umore predominante è irritabile piuttosto che elevato, in particolare quando i desideri dell'individuo vengono negati o quando usa sostanze. Possono verificarsi rapidi cambiamenti dell'umore per brevi periodi di tempo, indicati come labilità (alternanza tra euforia, disforia e irritabilità). Nei bambini, la felicità, la follia e la "stupidità" sono normali nel contesto di occasioni speciali; se questi sintomi sono ricorrenti, inadeguati al contesto, e al di là di quanto previsto per il livello di sviluppo del bambino, possono incontrare il criterio A. Se la felicità è insolita per il bambino (diverso dal solito) e il cambiamento dell'umore si verifica in concomitanza ai sintomi che soddisfano il criterio B per la mania, aumenta la certezza diagnostica; il cambiamento di umore dovrebbe, tuttavia, essere accompagnato da un persistente aumento di attività o di energia, che è evidente per coloro che conoscono bene il bambino.

Durante l'episodio maniacale, uno può essere coinvolto in diversi nuovi progetti allo stesso tempo. I progetti vengono generalmente avviati con poca conoscenza dell'argomento e nulla sembra essere al di fuori della portata dell'individuo. Livelli di attività aumentati possono manifestarsi in momenti insoliti della giornata.

L'autostima gonfiata di solito è presente, variando dalla fiducia in se stessi senza critiche, a grandiosità accentuata, e può raggiungere proporzioni deliranti (Criterio B 1). Nonostante la mancanza di particolari esperienze o talenti, l'individuo può iniziare compiti complessi come scrivere un romanzo o cercare pubblicità per un'invenzione poco pratica. I deliri di grandezza (ad esempio, avere una relazione speciale con una persona famosa) sono comuni. Nei bambini, le abilità di valutazione eccessiva e la convinzione che, ad esempio, potrebbero essere i migliori negli sport o i più intelligenti in classe sono comuni; quando, tuttavia, queste convinzioni sono presenti nonostante prove evidenti del contrario, o il bambino cerca atti chiaramente pericolosi e, cosa più importante, rappresenta un cambiamento nel suo comportamento abituale, il criterio della grandiosità deve essere soddisfatto.

Una delle caratteristiche più comuni è la riduzione del bisogno di sonno (Criterio B 2), che differisce dall'insonnia, in cui l'individuo vuole dormire o ne sente il bisogno, ma non può. Può dormire poco se può, oppure può svegliarsi diverse ore prima del solito, sentendosi riposato e pieno di energia. Quando il disturbo del sonno è grave, l'individuo può andare senza dormire per giorni e non avere affaticamento. Spesso, la riduzione del bisogno di sonno annuncia l'inizio di un episodio maniacale.

Il discorso può essere rapido, depresso, rumoroso e difficile da interrompere (Criterio B 3). Gli individui possono parlare continuamente e senza preoccupazione per i desideri comunicativi altrui, spesso in modo invasivo o senza attenzione alla rilevanza di ciò che viene detto. A volte il parlato è caratterizzato da battute, giochi di parole, divertenti assurdità e teatralità, con manierismi drammatici, canti e gesti eccessivi. L'intensità e il tono del discorso sono spesso più importanti di ciò che viene trasmesso. Quando l'umore è più irritabile che espansivo, il discorso può essere contrassegnato da lamentele, commenti ostili o tirate arrabbiate, specialmente se si tenta di interrompere l'individuo. I sintomi dei criteri A e il Criterio B possono essere accompagnati da sintomi del polo opposto (depressivo) (vedere lo specificatore "caratteristiche miste").

Spesso i pensieri dell'individuo fluiscono a una velocità superiore a quella che può essere espressa nel discorso (Criterio B 4). C'è spesso una fuga di idee, evidenziata da un flusso quasi continuo di parole accelerate, con cambiamenti improvvisi da un argomento all'altro. Quando il brainstorming è severo, la parola può diventare disorganizzata, incoerente e particolarmente angosciante per l'individuo. A volte si pensa che i pensieri siano così sovraffollati che è difficile parlare.

La distraibilità (Criterio B 5) è evidenziata dall'incapacità di filtrare gli stimoli esterni irrilevanti (ad esempio, gli indumenti degli intervistatori, i rumori di sottofondo o le conversazioni, i mobili delle stanze) e spesso non consente, in episodio maniacale, mantenere una conversazione razionale o indicazioni di riguardo. Una maggiore attività orientata all'obiettivo spesso implica una pianificazione eccessiva e l'impegno in attività multipli, incluse attività sessuali, professionali, politiche o religiose. Sono spesso presenti aumento della pulsione sessuale, fantasia e comportamento. Gli individui in un episodio maniacale mostrano spesso una maggiore socialità (ad esempio, rinnovando vecchie amicizie o telefonando ad amici o persino estranei), senza preoccuparsi della natura scomoda, dominante ed esigente di queste interazioni. Essi mostrano spesso agitazione psicomotoria o irrequietezza (attività senza uno scopo), camminando da un lato all'altro o tenendo più conversazioni simultaneamente. Ci sono quelli che scrivono troppe lettere, e-mail, messaggi di testo, ecc., Su vari argomenti ad amici, personaggi pubblici o media.

Il criterio dell'aumento dell'attività può essere difficile da accertare nei bambini; quando il bambino assume diversi compiti contemporaneamente, inizia a elaborare piani non realistici per progetti, sviluppa preoccupazioni di sviluppo precedentemente assenti e inadeguati (non giustificati da abusi sessuali o esposizione a materiale sessualmente esplicito), il criterio B può essere soddisfatto sulla base del giudizio clinico. È fondamentale determinare se il comportamento rappresenta un variabile per il periodo di tempo richiesto; e se si verifica in associazione temporale con altri sintomi di mania.

Umore espansivo, eccessivo ottimismo, grandiosità e compromissione del giudizio critico spesso portano a un coinvolgimento spericolato in attività come focolai di acquisti, donazioni di oggetti personali, guida spericolata, investimenti finanziari folli e insolita promiscuità sessuale, anche quando tali attività possono portare a conseguenze catastrofiche (Criterio B 7). L'individuo può acquisire molti oggetti non necessari senza avere i soldi per pagarli e in alcuni casi donarli. Il comportamento sessuale può includere infedeltà o incontri sessuali indiscriminati con estranei, generalmente senza riguardo al rischio di malattie sessualmente trasmissibili o conseguenze interpersonali.

L'episodio maniacale dovrebbe causare gravi compromissioni nel funzionamento sociale o professionale o richiedere il ricovero per prevenire danni a se stessi o ad altri (ad esempio, perdita finanziaria, attività illegali, perdita di posti di lavoro, comportamento autodistruttivo). Per definizione, la presenza di caratteristiche psicotiche durante un episodio maniacale soddisfa anche il criterio C.

Segni o sintomi di mania che sono attribuite ad effetti fisiologici di una sostanza di abuso (p. es. in d'intossicazione per cocaina o anfetamine), gli effetti collaterali dei farmaci o trattamenti (p. es., steroidi, L-dopa , antidepressivi, stimolanti) o un'altra condizione medica non giustifica una diagnosi di Disturbo Bipolare Tipo I. un episodio maniacale completa, tuttavia, emersi durante il trattamento (p. es., farmaci, terapia elettroconvulsivante, fototerapia) o l'uso di droghe e che persista in aggiunta all'effetto fisiologico dell'agente induttore (dopo che la medicina è completamente assente dal corpo dell'individuo o gli effetti attesi sono completamente dissipati) è evidenza sufficienti per una diagnosi dell'episodio maniacale (Criterio D). La cautela è indicata per che uno o più sintomi (in particolare maggiore irritabilità, nervosismo o agitazione dopo l'uso di antidepressivi) non siano considerati sufficienti per la diagnosi di un episodio maniacale o ipomaniacale non necessariamente sia un'indicazione di diatesi bipolare. È necessario soddisfare i criteri per un episodio maniacale per la diagnosi di Disturbo Bipolare Tipo I, ma non è necessario avere episodi ipomaniacali o depressivi maggiori. Tuttavia, può precedere o seguire un episodio maniacale. Descrizioni complete delle caratteristiche diagnostiche di un episodio ipomaniacale possono essere trovate nel Disturbo Bipolare Tipo D, e le caratteristiche di un episodio depressivo maggiore sono descritte nel testo del disturbo depressivo maggiore.

• Prevalenza

La prevalenza è stimata a 12 mesi negli Stati Uniti è stata dello 0,6% per il Disturbo Bipolare Tipo I, com'è definito nel DSM-V. La prevalenza a 12 mesi della malattia in 11 paesi variava dallo 0,0 allo 0,6%. Il rapporto della prevalenza lungo la vita tra uomini e donne è approssimativamente di 1,1: 1.

•Sviluppo e percorso

L'età media di insorgenza del primo episodio maniacale, ipomaniacale o di depressione maggiore è di circa 18 anni per il Disturbo Bipolare Tipo I. Per la diagnosi nei bambini sono necessarie considerazioni speciali. Poiché i bambini della stessa età possono trovarsi in stadi di sviluppo diversi, diventa difficile definire con precisione ciò che è "normale" o "atteso" in un dato punto. Pertanto, ogni bambino dovrebbe essere considerato secondo il loro comportamento abituale. L'esordio avviene per tutto il ciclo di vita, compresi i primi sintomi che possono iniziare a 60 o 70 anni. L'insorgenza di sintomi maniacali (ad esempio, la disinibizione sessuale o sociale) alla fine dell'età adulta o in senescenza dovrebbe indicare la possibilità di condizioni mediche (ad esempio, disturbo neurocognitivo frontotemporale) e l'assunzione o il ritiro di sostanze.

Oltre il 90% delle persone che hanno avuto un singolo episodio di mania hanno episodi ricorrenti di sbalzi d'umore. Circa il 60% degli episodi maniacali si verificano immediatamente prima di un episodio depressivo maggiore. Le persone con Disturbo Bipolare Tipo I che hanno avuto più episodi (quattro o più) di umore (depressivo maggiore, maniacale o ipomaniacale) in un anno ricevono lo specificatore di "Ciclismo rapido".

• Fattori di rischio e prognostici

Ambientali. Il Disturbo Bipolare è più comune nei paesi con persone con reddito elevato riguardo ai redditi più bassi (1,4 vs 0,7%). Persone separate, divorziate o vedove hanno tassi più alti di Disturbo Bipolare Tipo I, riguardo a quelli che sono sposati o mai sposati, ma il senso in cui l'associazione cambia non è chiaro.

Genetici e fisiologici. La storia familiare del Disturbo Bipolare è uno dei fattori di rischio più forti e coerenti per i disturbi di questa categoria. Esiste, in media, un rischio 10 volte maggiore tra i parenti adulti di individui con Disturbi Bipolari di tipo I e II. L'entità del rischio aumenta con il grado di parentela. La schizofrenia e il Disturbo Bipolare condividono probabilmente un'origine genetica, che si riflette nella coaggregazione familiare di schizofrenia e Disturbo Bipolare.

Modificatori del corso. Dopo che una persona ha avuto un episodio maniacale con caratteristiche psicotiche, i successivi episodi maniacali hanno più probabilità di includere aspetti psicotici. Il recupero incompleto tra gli episodi è più comune quando l'episodio corrente è accompagnato da tratti psicotici incongruenti con l'umore.

• Problemi diagnostici relativi alla cultura

Ci sono poche informazioni su specifiche differenze culturali nella presentazione del Disturbo Bipolare Tipo I. Una possibile spiegazione potrebbe essere che gli strumenti diagnostici sono spesso tradotti e applicati in culture diverse senza una validazione interculturale. In uno studio nordamericano, la prevalenza di 12 mesi del Disturbo Bipolare tipo I era significativamente inferiore per gli afrocaraibici riguardo agli afroamericani o ai bianchi.

• Problemi di diagnosi relativi al genere

Le donne sono più suscettibili agli stati di ciclismo rapido e misto e ai modelli di comorbidità che differiscono dai maschi, compresi i più alti tassi di disturbi alimentari durante tutta la vita. Gli individui con Disturbo Bipolare Bipolare I o Tipo II hanno maggiori probabilità di avere sintomi depressivi. Hanno anche un maggiore rischio di vita di disturbo da consumo di alcol riguardo ai maschi e una probabilità ancora maggiore di disturbo da consumo di alcol riguardo alle femmine nella popolazione generale.

• Rischio di suicidio

Il rischio di suicidio potenzialmente letale in persone con Disturbo Bipolare è stimato almeno 15 volte quello della popolazione generale. In realtà, il Disturbo Bipolare può rappresentare un quarto di tutti i suicidi. La precedente storia di tentativi di suicidio e la percentuale di giorni trascorsi in depressione nell'anno precedente sono associati ad un aumento del rischio di tentativi di suicidio e successo in tali tentativi.

• Conseguenze funzionali del Disturbo Bipolare Tipo I

Sebbene molti individui con Disturbo Bipolare ritornano ad un livello pienamente funzionale tra gli episodi, circa il 30% mostra una significativa compromissione nel funzionamento professionale. Il recupero funzionale è ben al di sotto del recupero dei sintomi, soprattutto in relazione al recupero del funzionamento professionale, con conseguente minore status socioeconomico, nonostante livelli equivalenti di istruzione, riguardo alla popolazione generale. Gli individui con Disturbo Bipolare Tipo I hanno prestazioni peggiori riguardo a quelli sani nei test cognitivi. Le menomazioni cognitive possono contribuire alle difficoltà professionali e interpersonali e persistono per tutta la vita, anche durante i periodi eutimici.

• Diagnosi differenziale

Disturbo depressivo maggiore Il disturbo depressivo maggiore può anche essere accompagnato da sintomi ipomaniacali o maniacali (meno sintomi o per un periodo più breve del necessario per la mania o l'ipomania). Quando l'individuo si presenta in un episodio di depressione maggiore, si dovrebbe essere attenti ai precedenti episodi di mania o ipomania. I sintomi di irritabilità possono essere associati al disturbo depressivo maggiore o Disturbo Bipolare, aumentando la complessità diagnostica.

Altri disturbi bipolari. La diagnosi di Disturbo Bipolare Tipo I differisce da quella del Disturbo Bipolare Tipo II per la presenza di alcuni episodi precedenti di mania. Altro Disturbo Bipolare e disturbi correlati specificati o Disturbo Bipolare e disturbi correlati non specificati devono essere distinti dai disturbi bipolari di tipo I e II, considerando se gli episodi con sintomi maniacali o ipomaniacali o episodi con sintomi depressivi soddisfano pienamente i criteri per quelle condizioni.

Un Disturbo Bipolare dovuto ad un'altra condizione medica può essere distinto dai disturbi bipolari di tipo I e II identificando, sulla base delle migliori evidenze cliniche, una condizione medica causale.

Disturbo d'Ansia Ggeneralizzatao (DAG), Disturbo di panico, Disturbo da stress post-traumatico (APC SPC) o altri disturbi d'ansia. Questi disturbi dovrebbero essere considerati nella diagnosi differenziale sia come disturbo primario e anche, in alcuni casi, come disturbo comorbido. È necessaria un'attenta anamnesi clinica per differenziare il disturbo d'ansia generalizzato dal Disturbo Bipolare, poiché le ruminazioni ansiose possono essere confuse con i pensieri accelerati e gli sforzi per minimizzare i sentimenti di ansia, possono essere interpretati come un comportamento impulsivo. Allo stesso modo, i sintomi del disturbo da stress post-traumatico devono essere differenziati dal Disturbo Bipolare. È utile considerare la natura episodica dei sintomi descritti, nonché valutare possibili fattori scatenanti dei sintomi, quando viene effettuata questa diagnosi differenziale.

Disturbo Bipolare indotto da sostanze/farmaci. I disturbi correlati alle sostanze possono manifestarsi con sintomi maniacali indotti dalla sostanza/farmaco e devono essere differenziati dal Disturbo Bipolare Tipo I. La risposta agli stabilizzatori dell'umore durante la mania della sostanza/farmaco può non essere necessariamente sufficiente per diagnosticare un Disturbo Bipolare. Potrebbero esserci sovrapposizioni sostanziali di fronte alla tendenza delle persone con Disturbo Bipolare Tipo I ad abusare di sostanze durante un episodio. Una diagnosi primaria del Disturbo Bipolare deve essere stabilita sulla base dei sintomi che persistono dopo che le sostanze non sono più in uso.

Disturbo da deficit di attenzione e iperattività (ADHD). Questo disturbo può essere erroneamente diagnosticato come Disturbo Bipolare, specialmente negli adolescenti e nei bambini. Ci sono molti sintomi che si sovrappongono ai sintomi della mania, come un discorso rapido, pensieri veloci, distraibilità e meno bisogno di dormire. Il "doppio conteggio" dei sintomi correlati sia all'ADHD sia al Disturbo Bipolare può essere evitato se il medico chiarisce se il/i sintomo(i) rappresenta(no) un episodio distinto.

Disturbi della personalità. I disturbi della personalità, come il Disturbo Borderline della personalità, possono avere una sostanziale sovrapposizione sintomatica con disturbi bipolari, poiché la labilità dell'umore e l'impulsività sono comuni in entrambe le condizioni. Per la diagnosi del Disturbo Bipolare, i sintomi dovrebbero rappresentare un episodio distinto e un notevole aumento in relazione al comportamento abituale dell'individuo. Non deve farsi diagnosi di disturbo di personalità durante l'episodio di umore non trattato.

Disturbi con marcata irritabilità. Negli individui con irritabilità significativa, in particolare bambini e adolescenti, occorre prestare attenzione a diagnosticare il Disturbo Bipolare solo a coloro che hanno avuto un episodio chiaro di mania o ipomania, cioè un periodo di tempo distinto, con la durata necessaria, durante la quale l'irritabilità era chiaramente diversa dal comportamento abituale dell'individuo, ed era accompagnata dall'insorgenza dei sintomi del Criterio B. Quando l'irritabilità di un bambino è persistente e particolarmente grave, è più appropriata la diagnosi di disturbo dirompente della deregolamentazione dell'umore. Infatti, quando un bambino viene valutato per la mania, è fondamentale che i sintomi rappresentino un cambiamento inequivocabile nel suo comportamento tipico.

• Comorbidità

I disturbi mentali comorbili sono comuni, essendo i più frequenti i disturbi d'ansia (ad esempio attacchi di panico, disturbo d'ansia, fobia sociale, fobia specifica), che si verifica in circa tre quarti degli individui. Qualsiasi disturbo dirompente, ADHD, il disturbo del controllo degli impulsi o condotta (ad es. disturbo esplosivo intermittente, disturbo oppositivo provocatorio, disturbo della condotta) e qualsiasi disturbo per uso di sostanze (ad es. disturbo dell'uso di alcol) si verificano in più della metà delle persone con Disturbo Bipolare Tipo I. Gli adulti con Disturbo Bipolare Tipo I presentano elevate percentuali di condizioni mediche comorbide gravi e/o non trattate. La sindrome metabolica e l'emicrania sono più comuni tra le persone con Disturbo Bipolare riguardo alla popolazione generale. Più della metà delle persone i cui sintomi soddisfano i criteri per il Disturbo Bipolare hanno un disturbo di uso di alcol, e quelli con entrambi i disturbi hanno un alto rischio di tentare il suicidio.

Criteri diagnostici per l'episodio ipomaniacale

A. Un periodo distinto di umore anormale e persistentemente elevato, espansivo o irritabile e aumento anormale e persistente di attività o energia, che dura almeno quattro giorni consecutivi e presenta la maggior parte della giornata, quasi ogni giorno.

B. Durante il periodo di disturbi dell'umore e aumento di energia e attività, tre (o più) dei seguenti sintomi (quattro se l'umore è solo irritabile) persistono, rappresentano un cambiamento notevole dal comportamento usuale e sono presenti in misura significativa:

1. Autostima gonfiata o grandiosità.

2. Riduzione della necessità di dormire (ad esempio, sentirsi riposati con solo tre ore di sonno).

3. Più conversatore del solito o pressione per continuare a parlare.

4. Fuga di idee o esperienza soggettiva che i pensieri siano accelerati.

5. Disturbabilità (l'attenzione è facilmente deviata da stimoli esterni insignificanti o irrilevanti) come riportato o osservato.

6. Aumento dell'attività rivolta agli obiettivi (sia sociali, al lavoro, a scuola o sessualmente) o all'agitazione psicomotoria.

7. Eccessivo coinvolgimento in attività con alto potenziale di conseguenze dolorose (ad esempio, coinvolgimento in folli acquisti sfrenati, indiscrezioni sessuali o investimenti finanziari insensati).

C. L'episodio è associato a un chiaro cambiamento nel funzionamento, che non è caratteristico dell'individuo quando è asintomatico.

D. Disturbi dell'umore e cambiamenti nel funzionamento sono osservabili da altri.

E* L'episodio non è abbastanza grave da causare gravi compromissioni nel funzionamento sociale o lavorativo o per richiedere il ricovero in ospedale. Se ci sono caratteristiche psicotiche, per definizione, l'episodio è maniacale.

F. L'episodio non è attribuibile agli effetti fisiologici di una sostanza (ad esempio, una droga di abuso, farmaci, altri trattamenti).

Nota 1: un episodio ipomaniacale completo che si verifica durante il trattamento antidepressivo (ad es. farmaci, terapia elettroconvulsiva) ma persiste a un livello di segni e sintomi oltre l'effetto fisiologico di questo trattamento è una prova sufficiente per una diagnosi di episodio ipomaniacale. Tuttavia, si consiglia cautela che 1 o 2 sintomi (principalmente l'aumento di irritabilità, nervosismo o agitazione dopo l'uso di antidepressivi) non siano considerati sufficienti per la diagnosi di episodio ipomaniacale, né necessariamente indicativi di una diatesi bipolare.

Nota 2: i criteri A-F rappresentano un episodio ipomaniacale. Questi episodi sono comuni nel Disturbo Bipolare Tipo I, sebbene non sia necessario per la diagnosi di questo disturbo.

Fonte: Manuale Diagnostico e Statistico dei Disturbi Mentali (APA, 2018).

Episodio Depressivo Maggiore

A. Cinque (o più) dei seguenti sintomi erano presenti durante lo stesso periodo di due settimane e rappresentano un cambiamento riguardo al funzionamento precedente; Almeno uno dei sintomi è (1) umore depresso o (2) perdita di interesse o piacere. **Nota**: non includere i sintomi che sono chiaramente attribuibili a un'altra condizione medica.

1. L'umore depresso per gran parte della giornata, quasi ogni giorno, come indicato dal rapporto soggettivo (ad esempio, si sente triste, vuoto o senza speranza) o dall'osservazione di un'altra persona (ad esempio, sembra avere le lacrime).

(**Nota**: nei bambini e negli adolescenti, può essere umore irritabile).

2. Diminuzione dell'interesse o del piacere in quasi tutte le attività o nella maggior parte della giornata, quasi ogni giorno (come indicato da un rapporto soggettivo o della osservazione fatta da un'altra persona).

3. Perdita di peso significativa o perdita di peso senza dieta (ad es., cambiamento di oltre il 5% del peso corporeo in un mese) o riduzione o aumento dell'appetito quasi ogni giorno. (**Nota**: nei bambini, considerare l'incapacità di raggiungere l'aumento di peso previsto).

4. Insonnia o ipersonnia quasi ogni giorno.

5. Agitazione o rallentamento psicomotorio quasi ogni giorno (osservabile da altre persone, non solo sensazioni soggettive di irrequietezza o di rallentamento).

6. Affaticamento o perdita di energia quasi ogni giorno.

7. Sentimenti di colpa inutile, eccessiva o inappropriata (che può essere delirante) quasi ogni giorno (non solo auto recriminazione o senso di colpa per essere malato).

8. Diminuzione della capacità di pensare o concentrarsi, o indecisione quasi ogni giorno (da un rapporto soggettivo o da un'osservazione fatta da un'altra persona).

9. Pensieri ricorrenti di morte (non solo paura di morire), ideazione suicidaria ricorrente, senza un piano specifico, tentativo di suicidio o piano specifico per suicidarsi.

B. I sintomi causano disagio clinicamente significativo o compromissione delle aree sociali, lavorative o di altre aree importanti della vita dell'individuo.

C. L'episodio non è attribuibile agli effetti fisiologici di una sostanza o di altre condizioni mediche.

Nota 1: i criteri A-C rappresentano un episodio depressivo maggiore. Questo tipo di episodio è comune nel Disturbo Bipolare Tipo I, sebbene non sia necessario per la diagnosi di questo disturbo.
Nota 2: le risposte a una perdita significativa (ad esempio lutto, rovina finanziaria, perdite naturali di disastri, gravi malattie o disabilità) possono includere intense sensazioni di tristezza, ruminazione a proposito di perdita, insonnia, mancanza di appetito e perdita di appetito osservato nel Criterio A, che può assomigliare ad un episodio depressivo. Sebbene tali sintomi possano essere compresi o considerati appropriati alla perdita, la presenza di un episodio depressivo maggiore oltre alla normale risposta a una perdita significativa deve essere attentamente considerata. Questa decisione richiede inevitabilmente l'esercizio del giudizio clinico, basato sulla storia dell'individuo e le norme culturali per l'espressione della sofferenza nel contesto di una perdita.

Fonte: Manuale Diagnostico e Statistico dei Disturbi Mentali (APA, 2018).

•Caratteristiche diagnostiche

Il Disturbo Bipolare Tipo II è caratterizzato da un decorso clinico di episodi ricorrenti di umore, costituito da uno o più episodi di depressione maggiore (criteri A-C per

"Episodio Depressivo Maggiore") ed almeno un episodio ipomaniacale (criteri A-F in "Episodio Ipomaniacale"). L'episodio depressivo maggiore dovrebbe durare per almeno due settimane, e ipomaniacali di almeno quattro giorni, in modo che i criteri diagnostici siano soddisfatti. Durante l'episodio(i) di umore, la quantità richiesta di sintomi deve essere presente per la maggior parte del giorno, quasi ogni giorno, così come i sintomi rappresentano un notevole cambiamento di comportamento e di funzionamento comune. La presenza di un episodio maniacale nel corso della malattia esclude la diagnosi di Disturbo Bipolare Tipo II (Criterio B in "Disturbo Bipolare Tipo II"). Gli episodi di disturbo depressivo indotto per sostanza/farmaco o Disturbo Bipolare e disturbi correlati indotti per sostanza/farmaco (a causa degli effetti fisiologici di un farmaco, altri trattamenti somatici per la depressione, droga o esposizione a tossine) o disturbo depressivo e disturbi correlati a causa di altre condizioni mediche o Disturbo Bipolare e disturbi correlati a causa di un'altra condizione medica, non contano per la diagnosi di Disturbo Bipolare Tipo II, a meno che persistono al di là degli effetti fisiologici del trattamento o della sostanza e soddisfare i criteri di tempo per un episodio. Inoltre, gli episodi non sono meglio giustificati da disturbo schizoaffettivo, non essendo sovrapposti con schizofrenia, disturbo schizofreniforme, o disturbo delirante o ad altri disturbi dello spettro della schizofrenia o altri disturbi psicotici specificati o al disturbo dello spettro della schizofrenia e di altri disturbi psicotici non specificati (Criterio C "Disturbo Bipolare Tipo II").

Episodi depressivi o le oscillazioni ipomaniacali dovrebbero causare disagio clinicamente significativo o compromissione in aree sociali, lavorative o di altre aree importanti della vita (Criterio D in "Disturbo Bipolare di tipo D"); per gli episodi ipomaniacali, tuttavia, questo requisito non ha bisogno d'essere soddisfatto. Un episodio ipermaniacale che causa una menomazione significativa potrebbe essere diagnosticato come episodio maniacale e diagnosi di Disturbo Bipolare Tipo I durante la vita. Gli episodi depressivi maggiori ricorrenti sono più frequenti e prolungati riguardo a quelli che si verificano nel Disturbo Bipolare Tipo I.

Le persone con Disturbo Bipolare Tipo II di solito si presentano al medico durante un episodio depressivo maggiore ed è improbabile che inizialmente si lamentino di ipomania. In generale, gli episodi ipomaniacali non causano danni da soli. Invece, la menomazione è una conseguenza di episodi depressivi maggiori o il modello persistente di cambiamenti e oscillazioni, umore imprevedibile e funzionamento interpersonale o occupazionale instabile. Gli individui con Disturbo Bipolare Tipo II potrebbero non considerare gli episodi ipomaniacali come patologici o dannosi, sebbene altre persone possano sentirsi disturbate dal loro comportamento. irregolare . Le informazioni cliniche fornite da altre persone, come amici intimi o parenti, sono spesso utili per stabilire una diagnosi di Disturbo Bipolare Tipo II.

Un episodio ipomaniacale non deve essere confuso con diversi giorni di eutimia e della ripristinazione della energia o l'attività che può venire dopo la remissione di un episodio depressivo maggiore. Nonostante le differenze sostanziali nella durata e la gravità di un episodio maniacale e ipomaniacale, il Disturbo Bipolare Tipo II non è una "forma leggera" di Disturbo Bipolare Tipo I. In confronto con gli individui con Disturbo Bipolare Tipo I, quelli con Disturbo Bipolare tipo II hanno una malattia cronica più elevata e spendono in media, più tempo nella fase depressiva, che può essere grave e/o disabilitante. Sintomi depressivi durante un episodio ipomaniacale o sintomi ipomaniacali durante un episodio depressivo sono comuni in individui con Disturbo Bipolare Tipo II, e sono più comuni nelle donne, in particolare ipomania con caratteristiche miste. Gli individui con ipomania con caratteristiche miste potrebbero non caratterizzare i loro sintomi come ipomania, sperimentandoli come depressione con maggiore energia o irritabilità.

•Caratteristiche associate che supportano la diagnosi

Una caratteristica comune del Disturbo Bipolare Tipo II è l'impulsività, che può contribuire a tentativi di suicidio e disturbi per uso di sostanze. L'impulsività può anche derivare da un disturbo di personalità comorboso, disturbo per uso di sostanze, disturbo d'ansia, un altro disturbo mentale o una condizione medica. Ci possono essere aumentati livelli di creatività in alcuni individui con Disturbo Bipolare. La relazione può essere, tuttavia, non lineare; cioè, i grandi successi creativi nella vita sono stati associati a forme più lievi di Disturbo Bipolare e una creatività superiore è stata identificata in membri della famiglia non colpiti. La soddisfazione dell'individuo con una maggiore creatività durante episodi ipomaniacali può contribuire all'ambivalenza riguardo alla ricerca di un trattamento o alla riduzione dell'aderenza ad esso.

• Prevalenza

La prevalenza in 12 mesi del Disturbo Bipolare Tipo II, a livello internazionale, è dello 0,3%. Negli Stati Uniti, la prevalenza a 12 mesi è dello 0,8%. Il tasso di prevalenza del Disturbo Bipolare pediatrico tipo II è difficile da stabilire. Nel DSM-IV, i disturbi bipolari di tipo I, bipolari di tipo II e bipolari senza altre specifiche hanno determinato un tasso di prevalenza combinato dell'1,8% in campioni provenienti da comunità negli Stati Uniti e all'estero, con tassi più elevati (2,7% incluso) nei giovani che hanno 12 anni o più.

•Sviluppo e percorso

Sebbene il Disturbo Bipolare Tipo II può iniziare nella adolescenza e durante l'età adulta, l'età media di insorgenza si manifesta intorno ai 25 anni, che è un po 'più tardi riguardo al Disturbo Bipolare Tipo I e in precedenza riguardo al disturbo depressivo maggiore. Tipicamente, la malattia inizia con un episodio depressivo e non è riconosciuta come Disturbo Bipolare Tipo II fino all'inizio di un episodio ipomaniacale, che si verifica in circa il 12% delle persone con una diagnosi iniziale di disturbo depressivo maggiore. Anche il disturbo d'ansia, l'uso di sostanze o il disturbo alimentare possono precedere la diagnosi, complicando la sua individuazione. Molte persone hanno diversi episodi di depressione maggiore prima dell'identificazione del primo episodio ipomaniacale.

L'ammontare degli episodi lungo vita (depressione maggiore e ipomaniacali) tende ad essere più elevato per il Disturbo Bipolare Tipo II riguardo al disturbo depressivo maggiore o il Disturbo Bipolare Tipo I. Tuttavia, gli individui con Disturbo Bipolare I sono in realtà più probabilità di avere sintomi ipomaniacali riguardo a quelli con Disturbo Bipolare Tipo II. L'intervallo tra episodi di umore, nel corso di Disturbo Bipolare Tipo II, tende a diminuire con l'invecchiamento. Mentre l'episodio ipomaniacale è la caratteristica distintiva di Disturbo Bipolare Tipo II, episodi di depressione sono più durevoli e invalidanti nel corso del tempo. Nonostante la prevalenza della depressione, dopo un episodio ipomaniacale, la diagnosi passa a essere Disturbo Bipolare Tipo II e mai ritorna al disturbo depressivo maggiore.

Circa 5 al 15% dei pazienti con Disturbo Bipolare Tipo II ha multipla (quattro o più) episodi di alterazione dell'umore (depressione maggiore o ipomaniacali) nei 12 mesi precedenti. Quando presente, questo modello è registrato dall'indicatore "Ciclismo rapido". Per definizione, i sintomi psicotici non si verificano episodi ipomaniacali e sembrano essere meno frequenti in episodi di depressione maggiore di

Disturbo Bipolare Tipo II riguardo al Disturbo Bipolare Tipo I.

Passare da un episodio depressivo a un maniacale o ipomaniacale (con o senza caratteristiche miste) può verificarsi sia spontaneamente che durante il trattamento per la depressione. Circa il 5-15% delle persone con Disturbo Bipolare Tipo II finiscono per sviluppare un episodio maniacale, che modifica la diagnosi per il Disturbo Bipolare Tipo I, indipendentemente dal corso successivo.

È una sfida fare diagnosi nei bambini, specialmente quelli con irritabilità non episodica e ipereccitabilità (assenza di periodi ben definiti di umore alterato). L'irritabilità non episodica nei giovani è associata ad un aumentato rischio di disturbi d'ansia e disturbo depressivo maggiore ma non di Disturbo Bipolare in età adulta. I giovani persistentemente irritabili hanno tassi familiari più bassi di Disturbo Bipolare riguardo ai giovani con Disturbo Bipolare. Per la diagnosi di un episodio ipomaniacale, i sintomi del bambino dovrebbero superare quello che ci si aspetta in un dato ambiente e cultura per il loro stadio di sviluppo. riguardo alla prima età adulta, l'insorgenza del Disturbo Bipolare Tipo II nell'infanzia o nell'adolescenza può essere associata a un corso più serio lungo vita. Il tasso di incidenza triennale per l'insorgenza del

Disturbo Bipolare Tipo II negli adulti di età superiore ai 60 anni è dello 0,34%. Tuttavia, la distinzione delle persone con più di 60 anni con Disturbo Bipolare Tipo II ad insorgenza precoce o tardiva non sembra avere alcuna utilità clinica.

•Fattori genetici e fisiologici di Rischio e prognostico

Il rischio di Disturbo Bipolare Tipo II tende ad essere più alto tra i parenti di persone con questa condizione, al contrario di persone con Disturbo Bipolare Tipo I o disturbo depressivo maggiore. Ci possono essere fattori genetici che influenzano l'età di insorgenza dei disturbi bipolari. Il rischio di suicidio nel Disturbo Bipolare Tipo II. Circa un terzo delle persone con il disturbo ha riportato la storia del tentativo di suicidio nel corso della vita. I tassi di prevalenza di tentativi durante la vita, nel Disturbo Bipolare Tipo I e tipo II sembrano essere simili (32,4 e 36,3%, rispettivamente). La letalità dei tentativi, tuttavia, definita da un rapporto inferiore di tentativi di suicidi, può essere maggiore nei soggetti con Disturbo Bipolare II riguardo a quelli con Disturbo Bipolare Tipo I può esistere associazione tra marcatori genetici e aumento del rischio di comportamenti suicidi in individui con Disturbo Bipolare tra cui 6,5 volte più a rischio di suicidio tra i parenti di primo grado di probandi con Disturbo Bipolare Tipo II riguardo a quelli con Disturbo Bipolare Tipo I

• Conseguenze funzionali del Disturbo Bipolare Tipo II

Sebbene molte persone con Disturbo Bipolare Tipo II ritornano ad un livello pienamente funzionale tra gli episodi di umore, almeno il 15% continua ad avere qualche disfunzione tra gli episodi e il 20% cambia direttamente ad un altro episodio di umore senza recupero tra gli episodi. Il recupero funzionale cade ben al di sotto del recupero dei sintomi del Disturbo Bipolare Tipo II, in particolare per quanto riguarda il recupero professionale, che si traduce in uno status socioeconomico inferiore, nonostante livelli equivalenti di istruzione riguardo alla popolazione generale. Gli individui con Disturbo Bipolare Tipo II hanno scarso rendimento nei test cognitivi e, salvo che nella memoria e nella fluenza semantica, hanno un deterioramento cognitivo simile a quelli con Disturbo Bipolare Tipo I. I disturbi cognitivi associati al Disturbo Bipolare Tipo II possono contribuire alle difficoltà al lavoro. La disoccupazione prolungata in individui con Disturbo Bipolare è associata a più episodi di depressione, età avanzata, tassi più alti di disturbo di panico attuale e storia di disturbo per uso di alcol durante tutta la vita.

• Diagnosi differenziale

Disturbo depressivo maggiore. Forse la diagnosi differenziale più impegnativa da considerare è quella del disturbo depressivo maggiore, che può essere accompagnato da sintomi ipomaniacali o maniacali che non soddisfano tutti i criteri (meno sintomi o durata inferiore a quella necessaria per un episodio ipomaniacale). Ciò è particolarmente vero nella valutazione delle persone con sintomi di irritabilità, che possono essere associate a disturbo depressivo maggiore o Disturbo Bipolare Tipo II.

Disturbo ciclotimico Nel disturbo ciclotimico, ci sono diversi periodi di sintomi ipomaniacali e numerosi periodi di sintomi depressivi che non soddisfano i criteri dei numeri dei sintomi o della durata dell'episodio depressivo maggiore. Il Disturbo Bipolare Tipo II è diverso dal disturbo ciclotimico dovuto alla presenza di uno o più episodi depressivi. Quando si verifica un episodio depressivo maggiore dopo i primi due anni di disturbo ciclotimico, viene stabilita la diagnosi aggiuntiva del Disturbo Bipolare Tipo II.

Disturbi dello spettro della schizofrenia e altri disturbi psicotici correlati. Il Disturbo Bipolare Tipo II dovrebbe essere differenziato dai disturbi psicotici (ad esempio, disturbo schizoaffettivo, schizofrenia e disturbi deliranti). La schizofrenia, il disturbo schizoaffettivo e il disturbo delirante sono tutti caratterizzati da periodi di sintomi psicotici che si verificano in assenza di sintomi dell'umore marcati. Altre considerazioni utili includono i sintomi associati, il corso precedente e la storia familiare.

Disturbo di panico e altri disturbi d'ansia. I disturbi d'ansia devono essere presi in considerazione nella diagnosi differenziale e spesso possono essere presenti come disturbi di comorbidità.

Disturbi per uso di sostanze. I disturbi per uso di sostanze fanno parte della diagnosi differenziale. Disturbo da deficit di attenzione/iperattività. Disturbo da deficit di attenzione / iperattività può essere diagnosticato erroneamente come Disturbo Bipolare Tipo II, specialmente negli adolescenti e nei bambini. Molti sintomi dell'ADHD, come velocità della parola, velocità dei pensieri, distraibilità e minore necessità di dormire, si sovrappongono a quelli dell'ipomania. Il "doppio conteggio" dei sintomi per l'ADHD e il Disturbo Bipolare Tipo II può essere evitato se il clinico chiarisce se i sintomi rappresentano un episodio distinto e se il notevole aumento in relazione al comportamento abituale dell'individuo, necessario per la diagnosi di Disturbo Bipolare Tipo II , è presente.

Disturbi della personalità. La stessa convenzione applicata all'ADHD si applica alla valutazione di un individuo per il disturbo di personalità, come il disturbo borderline di personalità, dal momento che oscillazioni dell'umore e impulsività sono comuni nei disturbi di personalità e nel Disturbo Bipolare tipo D. i sintomi dovrebbero rappresentare un episodio distinto e il notevole aumento in relazione al comportamento abituale dell'individuo, necessario per la diagnosi del Disturbo Bipolare Tipo n, dovrebbe essere presente. Non dovrebbe esserci diagnosi di disturbo di personalità durante l'episodio di umore non trattato a meno che la storia di vita non supporti la presenza di un disturbo di personalità.

Altri disturbi bipolari. La diagnosi del Disturbo Bipolare Tipo II deve essere differenziata dal Disturbo Bipolare Tipo I mediante un'attenta valutazione della presenza o meno di episodi di mania passati. Deve essere differenziato da altri Disturbi Bipolari e disturbi correlati specificati o Disturbo Bipolare e disturbi correlati non specificati dalla conferma della presenza di episodi completi di ipomania e depressione.

• Comorbidità

Il Disturbo Bipolare Tipo II è molto spesso associato a uno o più disturbi comorbili, con i disturbi d'ansia più comuni. Circa il 60% delle persone con Disturbo Bipolare Tipo II ha tre o più disturbi mentali comorbili; Il 75% ha disturbi d'ansia; e il 37%, disturbo per uso di sostanze. I bambini e gli adolescenti con Disturbo Bipolare Tipo II presentano un più alto tasso di disturbi d'ansia comorbidi riguardo a quelli con Disturbo Bipolare Tipo I e il disturbo d'ansia si verifica più frequentemente prima del Disturbo Bipolare. Disturbi d'ansia e disturbi per uso di sostanze si verificano in individui con Disturbo Bipolare Tipo II in una proporzione maggiore riguardo alla popolazione generale. Circa il 14% delle persone con Disturbo Bipolare Tipo II ha almeno un disturbo alimentare permanente, con disturbi dell'alimentazione incontrollata che sono più comuni della bulimia nervosa e dell'anoressia nervosa. Questi disturbi comorbili generalmente non sembrano seguire un percorso che è in realtà indipendente da quello del Disturbo Bipolare; hanno, tuttavia, forti associazioni con stati di umore. Ad esempio, i disturbi d'ansia e i disturbi alimentari tendono ad associarsi di più a sintomi depressivi e i disturbi per uso di sostanze sono moderatamente associati a sintomi maniacali.

Diagnosi Differenziale

La mania, in particolare nelle forme più gravi associate con deliri paranoidi, agitazione e irritabilità, può essere difficile da distinguere da schizofrenia, che generalmente ha un maggior numero di deliri incongruenti umore e sintomi di Schneider di primo ordine (ad esempio suoni del pensiero, allucinazioni uditive riferite al paziente in terza persona), nonché sintomi negativi come blunting affettivo. Manie di grandezza possono verificarsi anche nella schizofrenia, ma senza l'umore espansivo o euforico osservati nella mania. Ipomania possono essere scambiati per normali stati dell'umore, come la gioia e l'irritabilità che spesso hanno fattori scatenanti positivi o negativi (ad esempio una buona o cattiva notizia), che non sono necessariamente percepiti dagli altri come diversi dal solito umore della persona, non causasano danni, né implicano coinvolgimento con attività di rischio o diminuzione del bisogno di sonno. Ipomania può o non può innescare fattori, e questi possono essere positivi o negativi, come la morte del coniuge. Spesso, ipomania e Disturbo Bipolare Tipo II possono essere confusi con disturbi della personalità, come antisociale, narcisistico, istrionico e borderline. Il DSM-V risolve il problema di questa diagnosi differenziale consentendo la comorbidità di questi quadri. I disturbi della personalità sono solitamente più cronici, a partire dall'infanzia o dall'adolescenza e hanno una risposta peggiore al trattamento farmacologico. La storia familiare del disturbo dell'umore aiuta anche nella diagnosi differenziale. (MORENO; MORENO, 2005).

Secondo Akiskal et al. (2001, citato da ibid.), La mania e l'ipomania con irritabilità dovrebbero essere distinte dalla depressione unipolare. In questa, se c'è agitazione psicomotoria, non è così intensa come nel DB. Gli stati depressivi sono di solito presenti più spesso in depressione, non in ipomania o mania. La diagnosi differenziale dovrebbe essere fatta anche con disturbi ansiosi che di solito accompagnano le depressioni, come l'ansia generalizzata. Secondo lo stesso autore, le manie possono anche essere caratterizzate da umore ansioso. Di nuovo l'agitazione dell'ansia generalizzata è inferiore a quella della mania. La storia familiare del DB aiuta anche nella diagnosi differenziale.

I disturbi del controllo degli impulsi come cleptomania, piromania e disturbo esplosivo intermittente, dovrebbero essere differenziati dall'ipomania e dalla mania. In generale, questi sono caratterizzati solo da impulsività incontrollata, senza lamentele di aumento di energia, agitazione psicomotoria o diminuzione del bisogno di sonno, e anche la mancanza di controllo dell'impulsività è solitamente maggiore nel DB. Un'altra importante diagnosi differenziale riguarda l'intossicazione o l'astinenza di sostanze, poiché il DB spesso presenta comorbidità con l'abuso o la dipendenza dall'alcol o da altre sostanze. Spesso la diagnosi differenziale è possibile solo attraverso uno studio tossicologico del sangue o delle urine.

> Il DB è una condizione psicopatologica che presenta una delle diagnosi più lente da fare. In generale, il paziente è stato sottoposto a più di tre medici e ha ricevuto almeno tre diagnosi errate, prima di essere adeguatamente diagnosticato. Psicopatologie che si verificano con sempre maggiore impulso in generale (bulimia, disturbo ossessivo compulsivo, la cleptomania, etc.) relativi all'uso di sostanze, disturbo d'ansia, la depressione unipolare, psicosi, Disturbo da Deficit di Attenzione/Iperattività, Disturbo Borderline di Personalità, Disturbo della condotta, tra gli altri, può verificarsi in comorbidità con il DB; contribuendo al peggioramento del sintomo maniacale o misto, o essere solo uno stato misto o maniacale. La diagnosi differenziale può essere aiutata dalla presenza di una storia familiare di DB o di alcolismo, età di insorgenza precoce, l'evoluzione episodica, con un'accelerazione concomitante del pensiero e di aumento di energia e di attivazione, così come i cambiamenti di umore e affettività. (ALCANTARA et al., 2003)

A causa dell'ignoranza dell'elevata prevalenza del disturbo dello spettro bipolare (DB I e II, ciclotimia, ipomania e DB senza altre specifiche), le rispettive depressioni sono solitamente confuse con condizioni esclusivamente unipolari. Inoltre, sono stati evidenziati una serie di fattori precettori del

Disturbo Bipolare in individui depressi considerati unipolari, basati sulle conoscenze clinico-epidemiologiche e terapeutiche accumulate negli ultimi anni:

a) Storia familiare del Disturbo Bipolare in parenti di primo grado;

b) Mania o ipomania indotta da antidepressivi;

c) Episodi depressivi ricorrenti o brevi (media 3 mesi);

d) Depressione con comorbidità multiple;

e) Disturbo d'ansia correlato all'uso di sostanze;

f) Disturbo di personalità, alimentazione, controllo degli impulsi;

g) Perdita di effetti antidepressivi (risposta acuta ma non sostenuta);

h) Mancanza di risposta a tre o più studi antidepressivi.

In definitiva, depressioni unipolari o più rispettivamente non bipolari, rappresentano prognosi ed evoluzione benigne, senza sintomi psicotici, senza cronicità, senza recidive multiple e comorbidità, e senza resistenza terapeutica o peggioramento della risposta agli antidepressivi. iniziare più tardi in pazienti senza una storia familiare di disturbi dell'umore o alcolismo. (MORENO et al., 2005 citato da BARLOW, 2008).

Caratteristiche specifiche

La pratica clinica quotidiana con pazienti con Disturbo Bipolare dell'umore (DBU) rivela che i casi di comorbidità sono abbastanza frequenti. Diversi studi epidemiologici, tra cui il National Comorbidity Survey (NCS) (KESSLER et al., 1994 citato da SANCHES, ASSUNCAO, HETEM, 2005) confermano questo fatto. I tassi di comorbidità tra i pazienti con DBU variano dal 30% a quasi il 100%, a seconda della metodologia e del campione selezionati. Le principali comorbidità nei pazienti con DBU sono l'abuso di sostanze e disturbi d'ansia. Sono comuni anche disturbi alimentari, disturbi della personalità e, tra le altre malattie, ipotiroidismo, emicrania e obesità. Questi ultimi sono più comuni nelle donne riguardo agli uomini con DBU (ARNOLD, 2003 citato da Ibidem).

La prevalenza del DB si manifesta in proporzioni uguali per entrambi i sessi. Diversamente dalla depressione unipolare, in cui la sua incidenza è più elevata nelle donne: 1,9% maschi e 3,2% femmine. Le sue manifestazioni appaiono più comunemente in gruppi con età oscillanti tra gli anni Venti e Trenta. Studi su fattori genetici rivelano anche la loro alta ereditabilità: dieci volte più alta tra i parenti di primo grado, con un'incidenza del 67% tra gemelli monozigoti e il 27% di gemelli dizigoti. (KONRADI et al., 2004 citato da VIEIRA, 2006).

Tuttavia, non c'è un consenso in letteratura per quanto riguarda le principali comorbidità presenti nel DB, la ricerca rivela: il 74,9% di qualsiasi disturbo d'ansia; 42,3% di abuso di sostanze e 70% di multimorbidità. Le meta-analisi hanno anche riscontrato un tasso medio di suicidio nei pazienti con DB del 15%, circa trenta volte superiore riguardo alla popolazione generale. (MERINKANGAS, 2007 citato da KAPCZINSK; QUEVEDO, 2009).

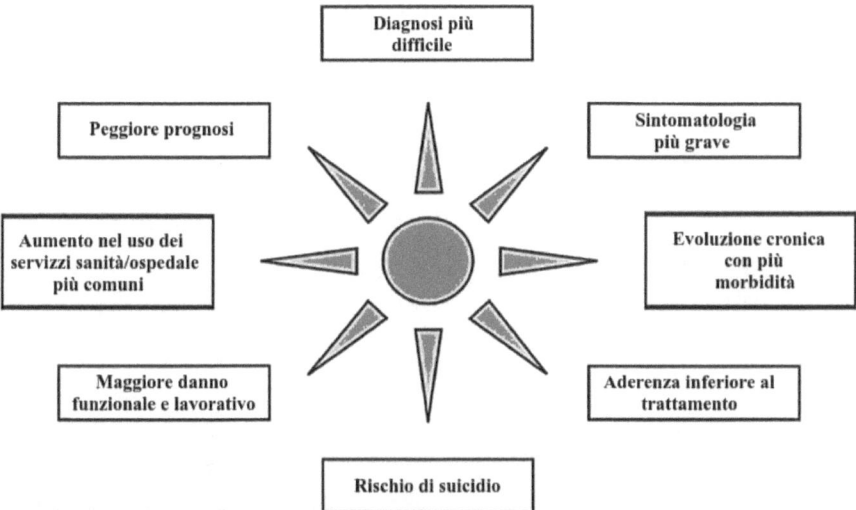

Figura 6. Le principali complicazioni della comorbidità. Invariabilmente, la loro presenza rende difficile la diagnosi e la gestione clinica dei pazienti con DB ed è associata ad una prognosi peggiore, sia in termini di risposta al trattamento che di remissione. Pertanto, la loro identificazione dovrebbe essere uno dei punti fondamentali in qualsiasi protocollo di trattamento per questi pazienti. (SOARES et al., 2002 citato da SANCHES, ASSUNCAO, HETEM, 2005).

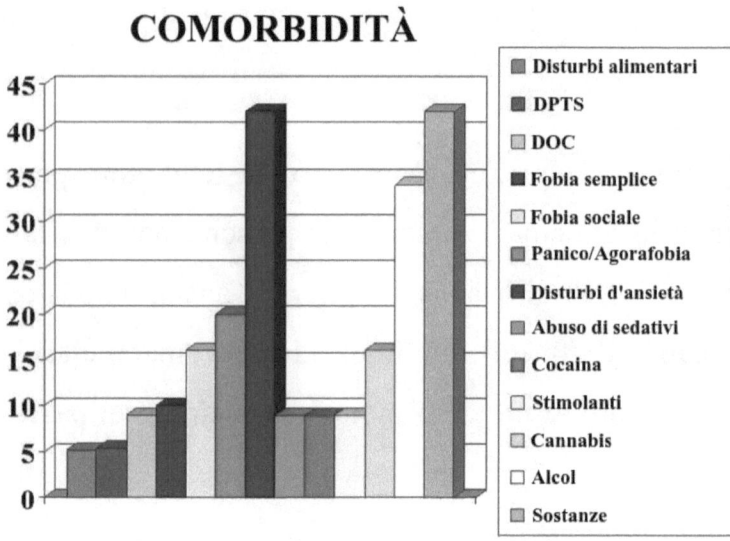

Figura 7. Grafica con le principali comorbidità presenti nel Disturbo Bipolare. (American Journal of Psychiatry, 2001 citato da RIBEIRO, LARANJEIRA, CIVIDANES, 2005).

Trattamenti

Il trattamento del paziente eutimico deve sempre considerare la possibilità che il paziente abbia episodi di mania e/o depressione. L'eutimia viene di solito definita come la remissione dei sintomi, tuttavia, idealmente, sarebbe il periodo in cui il paziente non solo sarebbe asintomatico, ma funzionalmente reintegrato nelle sue attività di routine. L'obiettivo del trattamento, quindi, è quello di mantenere il paziente senza sintomi. Pertanto, l'obiettivo principale del trattamento è la remissione e non solo la risposta clinica (riduzione del 50% dei sintomi osservati), che è comunemente usata come misura del risultato negli studi clinici. Il trattamento del Disturbo Bipolare è diviso in tre fasi: acuta, prosecuzione e mantenimento. Gli obiettivi del trattamento durante la fase acuta sono: trattare la mania senza causare depressione e/o migliorare coerentemente la depressione senza causare mania. La fase di prosecuzione cerca di stabilizzare i benefici, ridurre gli effetti collaterali, trattare fino la remissione, ridurre la possibilità di ricaduta e aumentare il funzionamento complessivo. Infine, gli obiettivi del trattamento nella fase di mantenimento sono prevenire la mania e/o la depressione e massimizzare il recupero funzionale, cioè che il paziente continui in remissione. (GOODWIN, 2003 citato da SOUZA, 2005).

Esiste anche la necessità di un trattamento di mantenimento nel Disturbo Bipolare (BD) poiché la percentuale di recidiva è stimata tra il 60% e l'80% dopo la sospensione del trattamento con litio o antipsicotici e tra il 20% e il 50% per un altro tipo di trattamento (YAZICI et al., 2004 citato da Ibidem) per DB. Inoltre, una percentuale considerevole di pazienti con DB, anche quelli intensamente monitorati e adeguatamente trattati negli episodi acuti, presenterà morbilità residua correlata alla malattia. Di conseguenza, gli obiettivi del trattamento a lungo termine includono non solo la prevenzione del comportamento suicidario e la recidiva della depressione o della mania, ma anche il miglioramento dei sintomi subsindromici, l'aderenza al trattamento, la qualità della vita, la cognizione e gli esiti funzionali.

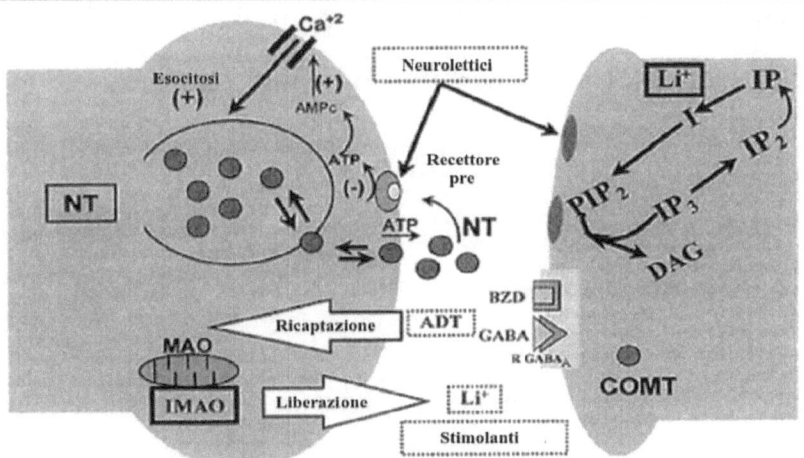

Figura 8. Schema illustrativo dei siti di azione dei principali farmaci psicoattivi nella trasmissione sinaptica. Gli antidepressivi inibiscono la monoammino ossidasi (MAO) e/o la ricaptazione del neurotrasmettitore, gli psicostimolanti agiscono sul rilascio, i recettori del blocco neurolettico, il litio inibisce il rilascio e interferisce con il ciclo del fosfatidilinositolo. Le benzodiazepine (BZD) si legano ai propri recettori localizzati vicino al recettore GABA-A, rafforzando l'azione di questo trasmettitore. (GORENSTEIN, 1999).

Stabilizzatori di psicoterapia e umore

Sebbene il trattamento farmacologico sia essenziale per il trattamento del Disturbo Bipolare, solo il 40% di tutti i pazienti che aderiscono i farmaci rimane asintomatico durante il periodo di prosecuzione, che ha portato allo sviluppo di interventi psicoterapeutici associati. In questo contesto, Knapp e Isolan (2005) sottolineano che la terapia cognitivo-comportamentale (TCC) è una terapia breve, strutturata, che risolve i problemi che implica una collaborazione attiva tra paziente e terapeuta per raggiungere gli obiettivi stabiliti. Gli obiettivi della TCC nel Disturbo Bipolare sono:

1. Educare pazienti e familiari sul Disturbo Bipolare, il suo trattamento e le sue difficoltà associate alla malattia;
2. Insegnare metodi per monitorare l'insorgenza, la gravità e il decorso dei sintomi;
3. Facilitare l'accettazione e la cooperazione nel trattamento;
4. Offrire tecniche non farmacologiche per affrontare sintomi e problemi;
5. Aiutare il paziente ad affrontare fattori stressanti che interferiscono nel trattamento;
6. Stimolare l'accettazione della malattia;
7. Aumentare l'effetto protettivo della famiglia;
8. Ridurre il trauma e lo stigma associati alla malattia.

La terapia cognitivo-comportamentale (TCC) è stata l'approccio psicoterapeutico più studiato nel Disturbo Bipolare. Diversi studi hanno dimostrato l'efficacia di questa tecnica nel trattamento di pazienti con Disturbo Bipolare, compresi quelli menzionati di seguito. Il primo studio controllato che valuta la TCC nel Disturbo Bipolare è stato condotto da Cochran (1984), in cui sono stati valutati 28 pazienti bipolari, confrontando la TCC individuale con il trattamento abituale. Cochran usava un approccio che tendeva fondamentalmente ad alterare cognizioni e comportamenti che interferivano nell'aderenza di farmaci. I pazienti che hanno ricevuto TCC avevano tassi di aderenza più elevati e tassi di ospedalizzazione più bassi alla fine del trattamento di sei settimane e dopo una prosecuzione di sei mesi. Zaretsky et al. (1999) hanno confrontato l'effetto di 20 sessioni di TCC adattate per la depressione bipolare in 11 pazienti con depressione bipolare utilizzando stabilizzatori dell'umore con 11 controlli con disturbo depressivo maggiore in trattamento con TCC standard. C'è stata una significativa diminuzione dei sintomi depressivi in entrambi i gruppi.

Fava et al. (2001) hanno valutato la TCC in 15 pazienti con recidiva nonostante l'uso di farmaci. Il trattamento consisteva in dieci sessioni di 30 minuti ogni settimana, che si concentravano sul trattamento dei sintomi residui e includevano la psicoeducazione, la ristrutturazione cognitiva alla terapia espositiva per sintomi depressivi, ansiosi e irritabili. Questo trattamento si è dimostrato efficace nel trattamento dei sintomi residui e dell'aumento dei tempi di remissione della malattia. (KNAPP e ISOLAN, 2005).

Lam et al. (2000) ha eseguito uno dei primi studi controllati che valutavano la TCC in 25 pazienti con Disturbo Bipolare. In questo studio pilota, la TCC ha mostrato una significativa diminuzione degli episodi bipolari su un periodo di 12 mesi riguardo al trattamento usuale. Un recente studio clinico di Lam et al. (2003) ha analizzato 103 pazienti con Disturbo Bipolare Tipo I che presentavano frequenti recidive nonostante un'adeguata terapia farmacologica randomizzata alla TCC o per il trattamento abituale. Il trattamento cognitivo-comportamentale consisteva in 14 sessioni nei primi sei mesi e due sessioni aggiuntive nei successivi sei mesi. In un periodo di prosecuzione di 12 mesi, i pazienti che hanno eseguito la TCC avevano significativamente meno episodi di umore, meno giorni in un episodio bipolare, meno ospedalizzazioni, meno sintomi subsindromici, miglioramento nel far fronte ai prodromi maniacali e un migliore funzionamento sociale. Dopo una prosecuzione di due anni dello stesso studio clinico (Lam et al., 2005), non è stato trovato alcun effetto significativo sulla riduzione della ricaduta, sebbene il gruppo che ha ricevuto la terapia cognitiva abbia mostrato nuovamente una riduzione significativa del numero di giorni di episodi bipolari, con un miglioramento significativo delle scale dell'umore, del funzionamento sociale, delle strategie per far fronte ai prodromi della depressione e della mania, e degli atteggiamenti interpersonali disfunzionali. (KNAPP e ISOLAN, 2005).

L'evoluzione del DB è più complessa a causa della variabilità delle forme cliniche. È stato concordato di misurare l'entità di ciascun episodio contando il tempo trascorso tra l'inizio e la fine di ciascuna fase. Negli studi risalenti al periodo precedente all'esordio delle droghe psicoattive, gli episodi sono durati da 4 a 13 mesi, gli intervalli asintomatici sono diventati più brevi e gli episodi più lunghi si sono addirittura stabilizzati dal quarto o quinto episodio (SELLARO, 2000 citato da BARLOW, 2008).

I farmaci sono cruciali nel trattamento del Disturbo Bipolare per diminuire l'intensità e il numero di episodi del disturbo. La necessità di tale terapia può essere giustificata dal forte carico genetico e biologico della malattia. Dopotutto, i geni e le lesioni cerebrali non possono essere curati, ma è possibile controllare le disfunzioni. L'uso corretto di stabilizzanti come il carbonato di litio, ad esempio, tende a ridurre la mortalità (da suicidio, incidenti e malattie dovute a disturbi del sistema immunitario del corpo) fino a sette volte nei pazienti bipolari. Gli stabilizzatori dell'umore devono essere introdotti nelle prime fasi del trattamento ed essere presenti per la maggior parte del tempo e possono essere modificati o ritirati solo se vi sono evidenti svalutazioni significative ad essi correlati.

I farmaci dovrebbero anche essere prescritti per ridurre l'instabilità delle funzioni psichiche e corporee – come il sonno e l'appetito. Questa terapia di base deve essere valutata come una strategia a lungo termine, poiché i suoi risultati appaiono più chiaramente in mesi o addirittura anni. Durante le fasi acute, gli antidepressivi, gli antipsicotici e le benzodiazepine sono spesso usati nelle fasi maniacali e miste.

Ma la farmacologia ha dei limiti. Anche i sintomi residui, tra le fasi, non sono sempre suscettibili di controllo totale. Inoltre, fa parte del quadro clinico del paziente non credere che ci sia qualche problema. Proprio per questa ragione, la psicoterapia, pur non essendo di per sé sufficiente, svolge un ruolo fondamentale nell'aiutare a conoscersi meglio, ad essere più attenti a se stessi e ad imparare a riconoscere i sintomi. Una funzione importante della terapia è quella di favorire l'impegno del paziente nei confronti del trattamento farmacologico, poiché una delle principali cause di crisi è l'abbandono del trattamento.

Nome Chimico	Nome Comerciale
Acido Valpróico	Depakene, Valpakine
Carbamazepina	Tegretard, Tegretol
Carbonato di Litio	Carbolim, Carbolitium, Litiocar, Neurolithiun
Divalproato di Sodio	Depakote
Gabapentina (AC)	Neurotontin, Progresse
Lamotrigina (AC)	Neurotontin, Progresse

Tabella 5. Principali psicofarmaci utilizzati nel trattamento del DB. (BALLONE, 2008).

Nelle fasi acute della malattia, tuttavia, il ruolo dello psicologo è di supporto, è limitato all'appoggio, con tecniche di riduzione del dolore che facilitano l'adesione al trattamento farmacologico, lasciando il bisogno di cercare o discutere i sensi psichici per le crisi , dal momento che i sintomi intensi del paziente rendono il processo terapeutico più improduttivo. Dopo la fase acuta, è necessario un periodo di riabilitazione, incentrato sulla "psicoeducazione".

In quel momento, la consulenza psicologica è solitamente decisiva in un compito tanto difficile quanto necessario: la ricostruzione della vita personale dopo un episodio affettivo, poiché dopo una grave insorgenza della malattia è comune che la persona si senta emotivamente molto colpita. Migliorandolo, si può vedere che la vita professionale e sociale può essere stata seriamente scossa e le relazioni con coniugi, figli, amici e famiglie di origine sono peggiorate. Nei casi più gravi, è necessario avere l'aiuto di un compagno terapeutico o di un terapista occupazionale che aiuti la persona a recuperare competenze semplici, come fare il bagno da solo o recarsi in banca per prelevare denaro.

Prima scelta di manutenzione

a) LITIO: esistono buone prove che indicano il *Litio* come monoterapia nel trattamento della manutenzione del DB. Una meta-analisi di studi condotti prima del 1990 suggerisce che l'entità dell'effetto profilattico del *Litio* è maggiore per la prevenzione degli episodi maniacali riguardo agli episodi depressivi. Ciò è stato confermato in recenti studi clinici, che hanno mostrato chiari benefici nella prevenzione della mania, ma non nella depressione. Il *Litio* ha anche proprietà antisuicidari. Il rapido ritiro dalla terapia con litio è associato ad alti tassi di recidiva nei pazienti bipolari, anche dopo una buona risposta e un buon periodo libero da episodi. Se il *Litio* viene sospeso, questo dovrebbe essere fatto gradualmente. (GOODWIN & JAMISON, 1990 citato da GORENSTEIN, 1999).

b) LAMOTRIGINA: studi clinici hanno dimostrato l'efficacia di *Lamotrigina* per la prevenzione della recidiva del DB in pazienti con episodi maniacali, depressivi o ciclismo rapido. La *Lamotrigina* ha un'efficacia superiore al placebo in caso di uso prolungato per episodi maniacali. Questo farmaco non deve essere usato come monoterapia per i pazienti bipolari se la prevenzione della ricaduta della mania è l'obiettivo principale. La *Lamotrigina* sembra avere benefici per i pazienti con DB di tipo II con ciclismo rapido e, in alcuni casi, la monoterapia con *Lamotrigina* è adeguata.

c) ACIDO VALPROICO: Sebbene uno studio clinico randomizzato non abbia dimostrato che l'*Acido valproico* è superiore al placebo nel prevenire la ricaduta degli episodi bipolari, in altri è stato altrettanto efficace del *Litio* e dell'*Olanzapina* nella prevenzione di nuovi episodi. In questo studio clinico negativo, né il *Litio* né l'*Acido valproico* hanno mostrato superiorità nella misura primaria dell'efficacia. Tuttavia, una sotto analisi ha dimostrato che l'*Acido valproico* era superiore al placebo nei pazienti gravemente malati. Poiché gli studi in cieco e uno studio controllato in aperto mostravano l'equivalenza dell'*Acido valproico* e confrontavano i farmaci attivi con la grande esperienza e l'eccellente tollerabilità di questo farmaco, l'*Acido valproico* deve essere considerato come la prima linea di trattamento. (KUKOPULOS et al., 1980 citato da Ibidem);

d) OLANZAPINA: il trattamento con *Olanzapina* riduce significativamente il tasso di recidiva di episodi depressivi e maniacali riguardo al placebo ed è efficace quanto *l'Acido valproico* e il *Litio* nella remissione prolungata.

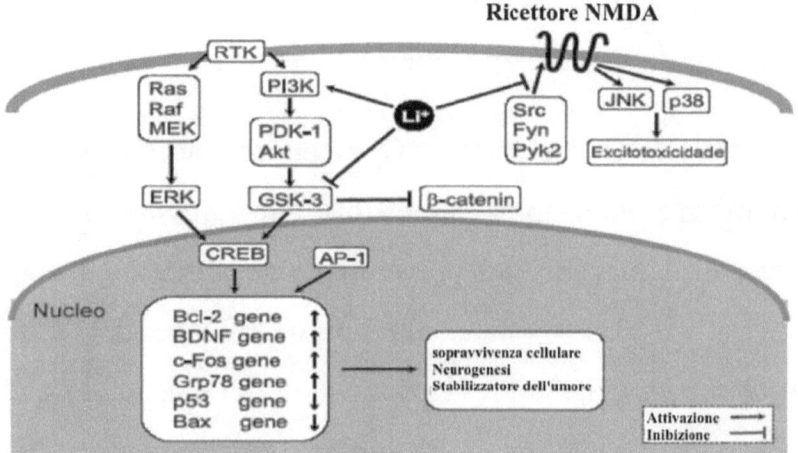

Figura 9. Meccanismi di neuroprotezione del litio. (WADA et al., 2005 citato da ZUNG; MICHELON; CORDEIRO, 2010).

Seconda scelta di manutenzione

a) CARBAMAZEPINA: non ci sono studi su lunga scala, studi in doppio cieco e controllati con placebo che indagano l'efficacia della *Carbamazepina* nel trattamento della manutenzione del DB. Tuttavia, la maggior parte degli studi, ma non tutti, hanno dimostrato che la *Carbamazepina* ha una maggiore efficacia riguardo al *Litio* e può avere una migliore efficacia profilattica riguardo al *Litio* in pazienti con manifestazioni di mania non classica (ad es. quadri incongruenti con l'umore , comorbidità di DB tipo II).

b) ALTRI ANTIPSICOTICI ATIPICI: *l'Aripiprazolo* prolunga significativamente il tempo di recidiva e riduce significativamente il numero di episodi di umore riguardo al placebo in uno studio clinico della durata di 6 mesi. Tuttavia, una sottoanalisi ha mostrato che l'*Aripiprazolo* era superiore al placebo nel prevenire la mania, ma non nella depressione. Pertanto, fino ad oggi, questo farmaco è raccomandato come trattamento di seconda linea per i pazienti bipolari con episodi prevalentemente maniacali. (KLEINDIENST et al., 2000 citato da MACHADO-VIEIRA, 2003).

Terza scelta di manutenzione

CLOZAPINA: la terapia di associazione con *Clozapina* è risultata significativamente migliore rispetto al trattamento abituale in un piccolo trial clinico randomizzato di 6 mesi. Prove dalla letteratura sulla schizofrenia dimostrano che la *Clozapina* ha proprietà antisuicidari, suggerendo il ruolo di questo agente in alcuni pazienti con DB.

ECT: prove di una serie di casi suggeriscono che *l'ECT* (Terapia Elettroconvulsiva) di mantenimento (comunemente usata insieme ai farmaci) è efficace nel ridurre le ospedalizzazioni nel DB. Tuttavia, una revisione ha concluso che *l'ECT* ha un effetto benefico acuto, ma non a lungo termine, sull'ideazione/comportamento suicidare nei pazienti con disturbi dell'umore (SHARMA et al., 2001 citato da Ibidem).

Manutenzione Non Raccomandata

BENZODIAZEPÍNICOS: Una valutazione sistematica delle *benzodiazepine* come agenti profilattici nel DB non è mai stata condotta, ma fattori quali dipendenza, ansia da rimbalzo, disturbi della memoria e sindrome da sospensione parlano contro il suo uso a lungo termine. Pertanto, l'assenza di efficacia profilattica e i rischi associati all'uso a lungo termine non indicano questo farmaco nel trattamento di mantenimento del DB.

Terapia Combinata

La terapia combinata è un'opzione importante per i pazienti che non hanno risposto al trattamento con monoterapia di prima linea. Tuttavia, non esiste un confronto sistematico tra monoterapia e trattamenti combinati, e vi sono poche prove per raccomandare una combinazione rispetto all'altra. Le combinazioni che hanno dimostrato l'efficacia includono: Litio + Acido Valproico o Carbamazepina; così come il Litio o Acido Valproico + Olanzapina o Risperidone. Non ci sono dati disponibili su Litio + Lamotrigina, ma questa combinazione è raccomandata sulla base dei suoi effetti profilattici confermati come monoterapia. (TONDO et al., 1997 citato da SOUZA, 2005).

Monoterapia Con Antidepressivi

Sebbene gli antidepressivi abbiano efficacia negli episodi di depressione acuta, una revisione con 7 studi randomizzati di antidepressivi (prevalentemente triciclici) in monoterapia o in terapia di associazione conclude che non sono efficaci nel prevenire episodi futuri. In uno studio di mantenimento del 1973, episodi maniacali si sono verificati nel 12% dei pazienti che utilizzavano Litio, 33% nei pazienti trattati con placebo e il 66% nei pazienti che utilizzavano stabilizzatori dell'umore con monoterapia con Imipramina ha avuto un giro di mania rispetto all'11% di coloro che sono stati randomizzati alla terapia di associazione con Bupropione (SACHS et al., 1994, citato da CLEMENTE, 2015).

Questi dati suggeriscono chiaramente che i triciclici destabilizzano il decorso del DB usati in monoterapia con SSRI per il trattamento della manutenzione del DB. Tuttavia, in uno studio clinico della durata di 1 anno confrontando Litio, Acido Valproico e placebo, in cui i pazienti hanno ricevuto SSRI per gli episodi depressivi, una percentuale significativa di pazienti ha interrotto lo studio nel gruppo SSRI + placebo confronto allo SSRI + Acido Valproico. Inoltre, la monoterapia con SSRI non è raccomandata per il trattamento del DB. (GYULAI et al., 2003 citato da Ibidem).

Intervento	Mania Acuta	Depressione Acuta	Mantenimento	Studi
Litio	+	-	+	Geddes *et al.*, 2004
Valproato	+	-	+*	Bowden *et al.*, 1994, 2000
Carbamazepina	+	-	+**	Weisler *et al.*, 2004; Greil *et al.*,1997; Hartong *et al.*, 2003
Antidepressivi	-	+***	-	Gijsman *et al.*, 2004
Lamotrigina	-	+	+/-	Calabrese *et al.*, 1999; 2003
Olanzapina	+	-	+	Tohen *et al.*, 2003
Risperidona	+	-	-	Hirschfeld *et al.*, 2004
Ziprasidona	+	-	-	Keck *et al.*, 2003
Aripiprazol	+	-	-	Keck *et al.*, 2003

+: evidenza di efficacia; -: nessuna evidenza di efficacia; +/-: nessuna efficacia nella profilassi della mania, ma con efficacia nella profilassi della depressione; + *: sebbene il valproato sia efficace, vi sono prove di superiorità del litio; + **: sebbene la carbamazepina sia efficace, vi è evidenza di superiorità del litio; + ***: Sebbene gli antidepressivi siano efficaci nel trattamento acuto della depressione bipolare, possono scatenare la svolta maniacale o l'aggravamento di alcuni quadri.

Tabella 6. Trattamento della monoterapia nel Disturbo Bipolare: interventi basati su studi clinici randomizzati. (GOODWIN, 2003 citato da KAPCZINSKI, 2009).

Farmaci	Aumento di peso	Sindrome metabolica	Dislipidemia	Effetti neurologici	Reazioni dermatologiche
LÍTIO	++	+	+	-	-
ACIDO VALPRÓICO	+++	+	+	In Gravidanza	Rash
LAMOTRIGINA	-	-	-	-	Rash, SSJ, Rischio 14 x Maggiore
CARBAMAZEPINA	-	-	-	-	rash, SSJ
OLANZAPINA	+++	++	OR 1.5	-	-
QUETIAPINA	++	++	OR 1.4	-	-
RISPERIDONA	++	++	OR 1.5	SEP	-
ZIPRASIDONA	-	-	-	SEP	-
ARIPIPRAZOL	-	-	-	-	-
CLOZAPINA	+++	++	OR 1.8	-	-
A. TIPICI	+	+	OR 1.2	SEP	-

+++ = alta probabilità, - = piccola probabilità. SSJ = sindrome di Stevens Jonhson. SEP = sindrome extrapiramidale. OR = probabilità che l'evento si verifichi se è maggiore di 1.

Tabella 7. Riepilogo degli effetti collaterali dei farmaci utilizzati nel trattamento della manutenzione del DB. (KETTER, 2010 citato da ABP, 2012)

Altri Agenti

Studi aperti e dati preliminari suggeriscono l'uso combinato con Oxcarbazepine o Phenytoin. Studi aperti suggeriscono anche l'efficacia del Topiramato aggiunto agli stabilizzatori dell'umore o agli antipsicotici atipici. La terapia di associazione con Gabapentin è stata efficace per alcuni pazienti che hanno risposto a questo agente nella fase acuta, ma il 30% dei pazienti ha subito una perdita di efficacia nel tempo. In uno studio clinico della durata di 4 mesi, l'omega-3 ha prolungato il tempo di remissione riguardo al placebo. Flupentixol non sembra avere efficacia profilattica nei pazienti con DB. Agenti come Gabapentin, Topiramato e bloccanti dei canali del calcio sono stati studiati per l'uso nel DB, ma ci sono dati insufficienti che raccomandano il loro uso come monoterapia. (Stoll et al., 1999 citato da MACHADO-VIEIRA, 2007).

L'uso clinico di citochine e neuropeptidi potrebbe anche rappresentare potenziali nuovi obiettivi per lo sviluppo di nuovi trattamenti farmacologici per i disturbi dell'umore. Recentemente, specifici antagonisti del recettore non peptidergico galanina GAL3 (SNAP-37889 e SNAP-398299) hanno mostrato proprietà antidepressive ma devono ancora essere confermati da studi clinici controllati. Sebbene non siano replicati in nuovi studi controllati, la fenitoina, l'oxcarbazepina, il leviracetam, il topiramato e le alte dosi di potenziatori della tiroide possono avere effetti terapeutici sul DB (sia in caso di mania, depressione o terapia di mantenimento), sia rappresentano anche promettenti terapie di potenziamento per il DB refrattario. Altre opzioni efficaci per i casi resistenti al trattamento includono inibitori della monoaminossidasi.50 Il trattamento somatico può anche svolgere un ruolo nel trattamento della depressione resistente al trattamento, compresa la stimolazione del nervo vago (VNS), la stimolazione magnetica transcranica (TMS) e stimolazione cerebrale profonda (ECP). (OGREN, 2006 citato da MACHADO-VIEIRA, 2007).

Allo stesso modo, la terapeutica della depressione bipolare è un argomento impegnativo e critico ed è stata anche associata ad alti tassi di casi resistenti al trattamento. L'uso di antidepressivi nella depressione bipolare non è chiaramente stabilito. La combinazione di antidepressivi e stabilizzatori dell'umore è ampiamente utilizzata, ma la dose appropriata e la durata del trattamento dei diversi agenti non sono state chiaramente definite. Anche se dimostrano una notevole efficacia nella depressione bipolare, gli antidepressivi possono causare cambiamenti di polarità e bruschi cambiamenti di umore, aumentando così il rischio di disturbi ciclismi rapidi e dell'umore refrattario. In generale, è stato proposto che antidepressivi, lamotrigina o topiramato (combinati con uno stabilizzatore dell'umore) sono trattamenti di prima linea per la depressione bipolare I. Ad esempio, in un grande studio doppio cieco (n = 191), controllato con placebo, la lamotrigina ha mostrato un'efficacia antidepressiva superiore riguardo al placebo dopo sette giorni. Il topiramato ha avuto anche un'efficacia antidepressiva nella depressione bipolare, nel ciclismo rapido, nella mania acuta e negli episodi resistenti al trattamento misto. Inoltre, è stato sostenuto l'uso di una strategia di combinazione con antidepressivi e antipsicotici atipici, ma mancano dati convincenti che dimostrino che la combinazione sia più efficace dell'uso di un antidepressivo da solo. (VIETA, 2002 citato da MACHADO-VIEIRA, 2007).

Sono stati proposti molti approcci per il DB resistente al trattamento. È sorprendente che solo le psicoterapie siano state validate in modo specifico in studi clinici controllati su larga scala come trattamento aggiuntivo agli agenti farmacologici. Nell'ultimo decennio, sono stati studiati approcci psicoterapeutici specifici, tra cui la psicoeducazione di gruppo, il trattamento familiare focalizzato (TFF), la terapia cognitiva (TC) e la terapia del ritmo interpersonale e sociale (TIRS). Questi approcci sono collaudati congiuntamente per convalidare la loro efficacia in una struttura specifica e risultati obiettivo proposti, tra cui una riduzione del numero di episodi e sintomi subsindromatici, una maggiore aderenza al trattamento e un migliore funzionamento sociale. Nella fase acuta della mania, studi randomizzati, in doppio cieco, controllati con placebo hanno dimostrato che olanzapina e risperidone, in combinazione con litio o valproato, hanno indotto un miglioramento superiore riguardo a uno stabilizzatore dell'umore isolato. (MACHA-DO-VIEIRA, 2007).

—— • • ✂ • • •——

Sull'autore

—— • • ✂ • • •——

Marcus Deminco (Salvador-BA. 28/Set/76). Scrittore e psicologo brasiliano. Doctor Honoris Causa in Disturbo da deficit dell'attenzione con iperattività (ADHD) Practitioner e Tutore in Programmazione NeuroLinguistica (**PNL**); autore di articoli scientifici nel portale degli psicologi. (Il più grande sito su Psicologia del Portogallo) Titolare di diverse frasi, testi e pensieri condivisi su siti web e social network, e il testo diffuso, Perché leggere

Paulo Coelho? - testo molto elogiato dallo stesso scrittore Paulo Coelho tra i suoi lettori. Marcus Deminco è anche l'autore dei libri:

1. EU & MEU AMIGO DDA – Autobiografia de um Portador do Distúrbio do Déficit de Atenção.
2. O Segredo de Clarice Lispector. (Portuguese Edition)
3. The Secret of Clarice Lispector (English Edition)
4. El Secreto de Clarice Lispector (Spanish Edition)
5. VERTYGO – O Suicídio de Lukas (Portuguese Edition)
6. VERTYGO – The Suicide of Lukas. (English Edition)
7. Helen Palmer – Uma Sombra de Clarice Lispector (Portuguese Edition)
8. Helen Palmer — A Shadow of Clarice Lispector (English Edition)
9. Transtorno Bipolar — Aspectos Gerais (Portuguese Edition)
10. Bipolar Disorder — General Aspects (English Edition)

11. Programação Neurolinguística – Começando pelo começo (Portuguese Edition)

12. Neuro-Linguistic Programming — Beginning by the Beginning (English Edition)

13. Mensagens para Postar, Curtir & Compartilhar. Vol. 1

14. Mensagens para Postar, Curtir & Compartilhar. Vol. 2

15. Mensagens para Postar, Curtir & Compartilhar. Vol. 3

16. Coleção de textos em E-Cards. Vol. 1

17. Coleção de Textos em E-Cards. Vol. 2

Premi & Riconoscimenti

a) Autore del testo Estafeta Sem Rumo del Premio Cecílio Barros Perssoa de Antologia – Academia Cabista de Letras, Artes e Ciências de Arraial do Cabo – RJ.

b) Doctor Honoris Causa in ADHD dell'Associazione brasiliana di Medicina psicosomatica in riconoscimento del contributo scientifico e della rilevanza sociale del libro: I & My Friend DDA - Autobiografia di un malato di disturbo da deficit di attenzione.

c) Uno dei vincitori del Premio: Além da Terra, Além do Céu de poesia contemporânea - Editora Chiado (Portogallo).

Parla con Marcus Deminco

E-mail: marcusdeminco@gmail.com
Website: http://marcusdeminco.com/
Blog: http://marcusdeminco.blogspot.com.br/
Twitter: https://twitter.com/marcusdeminco
Facebook: https://www.facebook.com/marcus.deminco
Pinterest: https://www.pinterest.com/marcusdeminco/
Instagram: @marcusdeminco
Youtube: https://www.youtube.com/channel/UCRu8yfSoLewjuX6GO6o7Nmw
G+: https://plus.google.com/u/0/114858320913983491464
Tumblr: http://deminco.tumblr.com/
Flickr: https://www.flickr.com/photos/143729713@N06/with/28004881736/
GoodReads: https://www.goodreads.com/author/show/7792932.Marcus_Deminco/
Pensador: https://pensador.uol.com.br/autor/marcus_deminco/

Bibliografia

ALCANTARA, Igor et al . **Avanços no diagnóstico do transtorno do humor bipolar.** Rev. psiquiatr. Rio Gd. Sul, Porto Alegre , v. 25, supl. 1, p. 22-32, Apr. 2003. Available from <http://www.scielo.br/scielo.php?script=sci_arttext&pid=S0101-81082003000400004&lng=en&nrm=iso>. Access on 31 Mar. 2019. http://dx.doi.org/10.1590/S0101-81082003000400004.

ALDA, Martin. Transtorno Bipolar. Rev. Bras. Psiquiatr., São Paulo , v. 21, supl. 2, p. 14-17, Oct. 1999 .Available from <http://www.scielo.br/scielo.php?script=sci_arttext&pid=S1516-44461999000600005&lng=en&nrm=iso>. Access on 08 Apr. 2019. http://dx.doi.org/10.1590/S1516-44461999000600005.

Associação Brasileira de Transtorno Bipolar. Disponível em: < http://www.abtb.org.br/transtorno.php >. Acesso em 05 Abr. 2019.

BALDAÇARA, Leonardo. **Transtornos Mentais.** Palmas, 2015.

BALLONE, GJ. **Estabilizadores do Humor.** PsiqWeb. Disponível em www.psiqweb.med.br >. Acesso em 05 Abr. 2019.

BALONNE, GJ. **CID-10 - Classificação Estatística Internacional de Doenças e Problemas Relacionados com a Saúde.** Psi.Web. Disponível em: < http://www.psicologia.com.pt/ >. Acesso em 09 Abr. 2019.

BALONNE, GJ. **DSM-V - Manual de Diagnóstico e Estatística das Perturbações Mentais.** Psi.Web. Disponível em: < http://www.psicologia.com.pt/ >. Acesso em 07 Abr. 2019.

BARLOW, David H. DURAND, V. Mark. **Psicopatologia: uma abordagem integrada.** 4ªEd. Trad.: Roberto Galman. São-Paulo: Cengage Learning, 2008.

BOSAIPO NB, BORGES VF, JURUENA MF.**Transtorno Bipolar: uma revisão dos aspectos conceituais e clínicos. Medicina** (Ribeirão Preto, Online.) 2016;50(Supl.1),jan-fev.:72-84. Disponível em:< http://revista.fmrp.usp.br/2017/vol50-Supl-1/SIMP8-Transtorno-Bipolar.pdf>. Acesso em 03 Abr. 2019.

CLEMENTE, Adauto Silva. **Concepções dos psiquiatras sobre o Transtorno Bipolar do humor e sobre o estigma a ele associado.** Belo Horizonte: FIOCRUZ, 2015. Disponível em:<http://www.cpqrr.fiocruz.br/texto-completo/T_82.pdf >. Acesso em 02 Abr. 2019.

DEL PORTO, José Alberto. **Conceito e diagnóstico.** Rev. Bras. Psiquiatr. São Paulo, v. 21, supl. 1, p. 06-11, May 1999. Available from <http://www.scielo.br/scielo.php?script=sci_arttext&pid=S1516-

44461999000500003&lng=en&nrm=iso>. Access on 31 Mar. 2019. http://dx.doi.org/10.1590/S1516-44461999000500003.

DELGALARRONDO, Paulo. **Psicopatologia e semiologia dos transtornos mentais.** Porto Alegre: ArtMed, 2000.

DEL-PORTO, José Alberto; DEL-PORTO, Kátia Oddone. **História da caracterização nosológica do Transtorno Bipolar.** Rev. psiquiatr. clín., São Paulo , v. 32, supl. 1, p. 7-14, 2005 . Available from <http://www.scielo.br/scielo.php?script=sci_arttext&pid=S0101-60832005000700002&lng=en&nrm=iso>. Access on 31 Mar. 2019. http://dx.doi.org/10.1590/S0101-60832005000700002.

Dicionário de Especialidades Farmacêuticas. São Paulo: JBM Farma, 2005.

FLECK, Marcelo P. et al . **Revisão das diretrizes da Associação Médica Brasileira para o tratamento da depressão (Versão integral).** Rev. Bras. Psiquiatr., São Paulo , v. 31, supl. 1, p. S7-S17, May 2009 . Available from <http://www.scielo.br/scielo.php?script=sci_arttext&pid=S1516-44462009000500003&lng=en&nrm=iso>. Access on 06 Apr. 2019. http://dx.doi.org/10.1590/S1516-44462009000500003.

GORENSTEIN, Clarice; SCAVONE, Cristóforo. **Avanços em psicofarmacologia - mecanismos de ação de psicofármacos hoje.** Revista Brasileira de Psiquiatria. Disponível em: < http://www.scielo.br/pdf/rbp/v21n1/v21n1a11.pdf >. Acesso em 08 Abr. 2019.

KAPCZINSKI, Flávio. **Tratamento Farmacológico do Transtorno Bipolar.** Porto Alegre: Revista de Psiquiatria Clínica. Disponível em: < http://www.hcnet.usp.br/ipq/revista/vol32/s1/34.html >. Acesso em 03 Abr. 2019.

KAPCZINSKI, Flávio; QUEVEDO, João et al. **Transtorno Bipolar: Teoria e Clínica.** Porto Alegre: Artmed, 2009.

KNAPP, P.; ISOLAN, L. **Abordagens psicoterápicas no Transtorno Bipolar.** Rev. Psiq. Clín. 32, supl 1; 98-104, 2005. Disponível em: http://www.scielo.br/pdf/rpc/v32s1/24418.pdf>. Acesso em 07 Abr. 2019.

LAMBERT, Kelly. KINSLEY, Craig H. **Neurociência Clínica: as bases neurobiológicas da saúde.** Trad.: Ronaldo Cataldo. Porto Alegre: Artmed, 2006.

LIMA, I.V.M.; Sougey, E.B.; Vallada Filho, H.P. **Genética dos transtornos afetivos.** São Paulo: Rev. Psiq. Clín., 2004.

LOUZÃ e ELKIS. **Psiquiatria Básica.** Artmed, 2007

MACHADO-VIEIRA, Rodrigo; SOARES, Jair C. **Transtornos de humor refratários a tratamento.** Rev. Bras. Psiquiatr., São Paulo , v. 29, supl. 2, p. S48-S54, Oct. 2007 . Available from <http://www.scielo.br/scielo.php?script=sci_arttext&pid=S1516-44462007000600003&lng=en&nrm=iso>. Access on 07 Apr. 2019. Epub Aug 13, 2007. http://dx.doi.org/10.1590/S1516-44462006005000058.

MACHADO-VIEIRA, Rodrigo et al . **Neurobiologia do transtorno de humor bipolar e tomada de decisão na abordagem psicofarmacológica.** Rev. psiquiatr. Rio Gd. Sul, Porto Alegre , v. 25, supl. 1, p. 88-105, abr. 2003 . Disponível em

<http://www.scielo.br/scielo.php?script=sci_arttext&pid=S0101-81082003000400010&lng=pt&nrm=iso>. Acessos em 05 Abr. 2019. http://dx.doi.org/10.1590/S0101-81082003000400010.

Manual Diagnóstico e Estatístico de Transtornos Mentais, 5° ed. (APA, 2018)

MEDPLAN. **O tratamento farmacológico do Transtorno Bipolar na infância e na adolescência.** Disponível em: < http://www.medplan.com.br/materias >. Acesso em 07 Abr. 2019.

MORENO, D.H.; MORENO, R.A. Rev. Psiq. Clín. 32, supl 1; 56-62, 2005. **Estados mistos e quadros de ciclagem rápida no Transtorno Bipolar.** Disponível em http://www.scielo.br/pdf/rpc/v32s1/24413.pdf>. Acesso em 03 Abr. 2019.

MORENO, Ricardo. **Novos anticonvulsivantes no tratamento do transtorno do humor bipolar: manejo clínico, eficácia e tolerância.** São Paulo: Revista de Psiquiatria clínica. Disponível em: < http://www.hcnet.usp.br/ipq/revista/vol26/n6/art288.html>. Acesso em 08 Abr. 2019.

MORENO, Ricardo Alberto; MORENO, Doris Hupfeld; RATZKE, Roberto. **Diagnóstico, tratamento e prevenção da mania e da hipomania no Transtorno Bipolar.** Rev. psiquiatr. clín., São Paulo , v. 32, supl. 1, p. 39-48, 2005 . Available from <http://www.scielo.br/scielo.php?script=sci_arttext&pid=S0101-60832005000700007&lng=en&nrm=iso>. Access on 04 Apr. 2019. http://dx.doi.org/10.1590/S0101-60832005000700007.

MOTTA, Paulo. **Genética Humana: Aplicada a Psicologia e Toda a Área Biomédica.** Rio de Janeiro: Guanabara Koogan, 2005.

ANDREASEN, Nancy, C; BLACK, Donald W. **Introdução a psiquiatria.** Artmed: 2009

NETO, M. R. Louzã; ELKIS, Hélio. **Psiquiatria Básica.** Porto Alegre: Artmed, 2009.

OPAS (Organização Pan-Americana da Saúde). Disponível em: < http://www.opas.org.br/opas.cfm >. Acesso em 03 Abr. 2019.

RIBEIRO, Marcelo; LARANJEIRA, Ronaldo; CIVIDANES, Giuliana. **Transtorno Bipolar do humor e uso indevido de substâncias psicoativas.** Rev. psiquiatr. clín. São Paulo , v. 32, supl. 1, p. 78-88, 2005 . Available from <http://www.scielo.br/scielo.php?script=sci_arttext&pid=S0101-60832005000700012&lng=en&nrm=iso>. Access on 31 Mar. 2019. http://dx.doi.org/10.1590/S0101-60832005000700012.

SANCHES, Rafael F.; ASSUNCAO, Sheila; HETEM, Luiz Alberto B. **Impacto da comorbidade no diagnóstico e tratamento do Transtorno Bipolar.** Rev. psiquiatr. clín. São Paulo , v. 32, supl. 1, p. 71-77, 2005 . Available from <http://www.scielo.br/scielo.php?script=sci_arttext&pid=S0101-60832005000700011&lng=en&nrm=iso>. Access on 31 Mar. 2019. http://dx.doi.org/10.1590/S0101-60832005000700011.

SOUZA, F.G.M. **Tratamento do Transtorno Bipolar – Eutimia.** Rev. Psiq. Clín. 32, supl 1; 63-70, 2005. Disponível em:< http://www.scielo.br/pdf/rpc/v32s1/24414.pdf>. Acesso em 03 Abr. 2019.

TENG, Chei Tung; CEZAR, Luiz Teixeira Sperry. **Como Diagnosticar e Tratar Depressão** 2010. Disponível em:<http://www.moreirajr.com.br/revistas.asp?fase=r003&id_materia=4526 >. Acesso em 08 Abr. 2019.

TUNG, T.C. **Enigma Bipolar- Conseqüências, Diagnóstico E Tratamento Do Transtorno Bipolar.** São Paulo: MG Editores, 2007.

VIEIRA, Rodrigo. **As bases neurobiológicas do Transtorno Bipolar**. Porto Alegre: Revista de Psiquiatria Clínica. Disponível em: <http://www.hcnet.usp.br/ipq/revista/vol32/s1/28.html>. Acesso em 03 Abr. 2019.

ZUNG S, MICHELON L, CORDEIRO Q. **O uso do lítio no Transtorno Afetivo Bipolar.** Arq Med Hosp Fac Cienc Med Santa Casa São Paulo. 2010; 55(1):30-7. Disponível em:<http://www.fcmsantacasasp.edu.br/images/Arquivos_medicos/2010/55_1/08_AR3.pdf. >. Acesso em 07 Abr. 2019.

www.ingramcontent.com/pod-product-compliance
Lightning Source LLC
Chambersburg PA
CBHW051354280526
45784CB00007B/2946